HARRAP'S

Grammaire allemande

HARRAP

21, rue du Montparnasse
75283 Paris Cedex 06, France

HARRAP's® est une marque de Larousse SAS
www.harrap.com

ISBN 978 2 81 870037 2

Directeur de projet : Georges Pilard
Avec : Estelle Fernández Blanco, Nadia Cornuau, Maud Routner
Direction éditoriale : Anna Stevenson
Prépresse : Nicolas Echallier
Maquette : Chambers Harrap Publishers Ltd, Edinburgh

Imprimé en Italie par LegoPrint
Dépôt légal : janvier 2009
306118-01/11013467 – janvier 2012

Préface

Cette grammaire allemande a été conçue pour répondre aux besoins de ceux qui pratiquent et étudient cette langue. Du débutant à l'utilisateur plus avancé, elle permet d'acquérir et/ou de réviser les mécanismes de l'allemand.

Les règles essentielles sont clairement expliquées et illustrées par de très nombreux exemples de la vie quotidienne. Un glossaire de termes grammaticaux de la page 7 à la page 15 permet de se repérer et de mieux comprendre les termes employés tout au long de l'ouvrage.

Cette nouvelle édition s'est enrichie d'un chapitre sur les expressions idiomatiques allemandes.

Cette grammaire de poche, très vivante et représentative de l'allemand d'aujourd'hui, est l'outil de référence idéal pour ceux qui recherchent un ouvrage pratique et accessible.

Symboles et abréviations :

|	verbe à particule séparable
*	verbe fort
acc.	accusatif
dat.	datif
etw	etwas
Fam	familier
fém.	féminin
gén.	génitif
jm	jemandem
jn	jemanden
masc.	masculin
neut.	neutre
nom.	nominatif
pl.	pluriel
sing.	singulier

TABLE DES MATIÈRES

GLOSSAIRE DES TERMES GRAMMATICAUX

ABSTRAIT Un nom abstrait est un nom qui ne désigne pas un objet physique ou une personne, mais une qualité ou un concept. *Bonheur, vie, longueur* sont des exemples de noms abstraits français.

ACCORD En allemand, les adjectifs, les articles et les pronoms s'accordent en nombre, en genre et en cas avec le nom ou le pronom auquel ils se rapportent. Ceci signifie que leur terminaison change suivant le **nombre** du nom (singulier ou pluriel), son **genre** (masculin, féminin ou neutre) et son **cas** (nominatif, accusatif, datif ou génitif).

ACCUSATIF L'accusatif est le cas employé lorsqu'un nom ou un pronom (et leur(s) adjectif(s)) est le complément d'objet direct d'un verbe. Par exemple, dans les phrases *j'aime cette vieille ville* et *je le vois, cette vieille ville* et *le* sont des compléments d'objet direct, et en allemand, il faut les mettre à l'accusatif. On emploie aussi ce cas après certaines prépositions. On dit par exemple für mich (*pour moi*). Voir COMPLÉMENT D'OBJET DIRECT.

ACTIF L'actif ou la voix active d'un verbe correspond aux phrases dont le sujet est considéré comme agissant : *mon père lave la voiture.* On l'oppose au passif : *la voiture est lavée par mon père.* Voir PASSIF.

ADJECTIF Mot adjoint au nom pour le décrire ou le déterminer. Parmi les adjectifs on distingue les adjectifs qualificatifs (*une* ***petite*** *maison*), les adjectifs démonstratifs (***cette*** *maison*), les adjectifs possessifs (***ma*** *maison*), etc.

ADJECTIF SUBSTANTIVÉ Adjectif employé comme nom. Par exemple *les jeunes, le réel, le virtuel,* etc. De même en allemand, ein Neuer (*un nouveau*), das Beste (*le meilleur*), etc., sont des adjectifs substantivés.

ADVERBE Les adverbes accompagnent le plus souvent un verbe pour ajouter une information supplémentaire en indiquant **comment**, **quand**, **où** et **avec quelle intensité** l'action est accomplie (adverbes de manière, de temps, de lieu et d'intensité) ou **dans quelle mesure** elle est accomplie (adverbes de quantité). Certains adverbes peuvent s'employer avec un adjectif ou un autre adverbe (par exemple *une fille **très** mignonne* ; *il y va **trop** souvent*).

APPOSITION On dit qu'un mot ou un groupe de mots est en apposition lorsqu'il est placé directement après un autre nom ou une autre proposition, sans y être relié par aucun mot (par exemple *M. Duclos, **notre directeur**, a téléphoné ce matin*).

ARTICLE DÉFINI Les articles définis sont *le*, *la*, *les* en français, et der, die, das au singulier et die au pluriel en allemand. Les articles définis allemands sont déclinés selon leur cas.

ARTICLE INDÉFINI Les articles indéfinis sont *un*, *une*, *des* en français et ein, eine, ein en allemand (il n'existe pas de forme au pluriel). Les articles indéfinis allemands sont déclinés selon leur cas.

ATTRIBUT Nom ou, le plus souvent, adjectif, relié au sujet ou au complément d'objet par le verbe *être* ou un autre verbe d'état. Par exemple : meine Jacke ist rot (*ma veste est **rouge***). En allemand, l'adjectif attribut reste toujours invariable, contrairement à l'adjectif épithète. Voir aussi ÉPITHÈTE.

AUXILIAIRE Les auxiliaires sont des verbes qui servent à former les temps composés ou à moduler d'autres verbes. En allemand, on distingue les auxiliaires de temps : haben (*avoir*), sein (*être*) et werden (*devenir*) et les auxiliaires de mode (ou verbes de modalité) : können, müssen, dürfen, mögen, sollen, wollen.

CARDINAL Les nombres cardinaux sont *un*, *deux*, *trois*, etc. Ils expriment la quantité. On les oppose aux nombres ordinaux. Voir ORDINAL.

CAS Il existe quatre cas en allemand (voir NOMINATIF, ACCUSATIF, GÉNITIF et DATIF). Chaque cas entraîne une déclinaison bien particulière.

COLLECTIF Un collectif est un nom qui désigne un groupe de personnes ou de choses, mais qui est au singulier. Par exemple, das Vieh (*le bétail*) et das Gepäck (*les bagages*) sont des noms collectifs.

COMPARATIF Le comparatif des adjectifs et des adverbes permet d'établir une comparaison entre deux personnes, deux choses ou deux actions. En français, on emploie *plus... que* (comparatif de supériorité), *moins... que* (comparatif d'infériorité) et *aussi... que* (comparatif d'égalité).

COMPLÉMENT D'OBJET DIRECT Groupe nominal qui accompagne un verbe (= verbe transitif direct), sans préposition entre les deux. Par exemple, *j'ai rencontré **un ami**.* Les pronoms peuvent aussi s'employer comme compléments d'objet direct : *je **l'**ai rencontré.*

COMPLÉMENT D'OBJET INDIRECT Groupe nominal ou pronom qui accompagne un verbe (= verbe transitif indirect), normalement séparé de ce dernier par une préposition (en général *à* en français) : *je parle **à mon ami**.* Vous noterez qu'en français comme en allemand, on omet souvent la préposition devant un pronom. Par exemple dans *je lui ai envoyé un cadeau*, le complément d'objet indirect *lui* est l'équivalent de ***à lui**.*

CONDITIONNEL Mode verbal employé pour décrire ce que quelqu'un ferait ou ce qui arriverait si une condition était remplie. Par exemple *je **viendrais** si j'étais en forme* ; *la chaise **se serait cassée** s'il s'était assis dessus.* Le conditionnel n'existe pas en allemand ; on utilise à la place le subjonctif prétérit. Voir SUBJONCTIF.

CONJONCTION Les conjonctions sont des mots qui relient deux mots ou deux propositions. On distingue les conjonctions de coordination, comme *et*, *ou*, *or* ; et les conjonctions de subordination comme *parce que*, *après que*, *bien que*, qui introduisent une proposition subordonnée. Voir SUBORDONNÉE.

DATIF Le datif est le cas employé en allemand lorsqu'un nom ou un pronom est le complément d'objet in-

	direct d'un verbe. Par exemple dans ich habe es ihm gegeben (*je le **lui** ai donné*), ihm est au datif. Le datif est aussi employé après certaines prépositions ou certains verbes : mit mir (*avec moi*), hilf mir (*aide-moi*). Voir COMPLÉMENT D'OBJET INDIRECT.
DÉCLINAISON	La déclinaison des noms et des adjectifs est le système des terminaisons qu'ils prennent suivant leur cas, leur genre ou leur nombre.
DÉMONSTRATIF	Les adjectifs démonstratifs (*ce, cette, ces*, etc.) et les pronoms démonstratifs (*celui-ci, celui-là*, etc.) s'emploient pour désigner une personne ou un objet bien précis.
DÉTERMINANT	C'est un mot qui détermine un nom. Ainsi les articles, les adjectifs démonstratifs, possessifs, indéfinis, numéraux, etc., sont des déterminants.
ÉPITHÈTE	Adjectif ou nom qui n'est pas relié au nom par un verbe, par opposition à l'attribut. Par exemple, ein roter Hut (*un chapeau **rouge***). L'adjectif épithète allemand se place toujours devant le nom qu'il qualifie. Voir aussi ATTRIBUT.
FÉMININ	Voir GENRE.
GÉNITIF	Le génitif est le cas qui s'emploie en allemand pour exprimer l'idée d'appartenance. Il s'agit le plus souvent d'un nom (ou groupe nominal) qui complète un autre nom. Il correspond en français à *de la, du, des* + nom. Par exemple, dans la phrase *la couleur de la voiture, de la voiture* serait au génitif en allemand. Autre exemple en allemand : das Büro seines Chefs (*le bureau de son chef*).
GENRE	Le genre d'un nom indique s'il est **masculin, féminin** ou **neutre**. En allemand, le genre d'un nom n'est pas toujours déterminé par le sexe de la personne auquel il se rapporte, par exemple das Mädchen (*la fille*) est un nom neutre.
IDIOMATIQUE	Les expressions idiomatiques sont des expressions qui ne peuvent normalement pas se traduire mot à mot dans une autre langue. Par exemple *il gèle à pierre fendre* se traduit en allemand par es friert Stein und Bein.

IMPÉRATIF	Mode employé pour donner des ordres (*mange !*), faire une suggestion (*allons-y !*) ou interdire quelque chose (*n'y va pas !*).
INDÉFINI	Les adjectifs et les pronoms indéfinis sont des mots qui ne se rapportent pas à une personne précise ou à une chose définie (par exemple *quelques, rien, quelqu'un*).
INDICATIF	Mode qui énonce la réalité et permet de décrire l'action ou l'état de manière neutre : *j'aime* ; *tu viendras* ; *nous avons essayé*. Il s'oppose en français au subjonctif, au conditionnel et à l'impératif.
INFINITIF	Forme de base du verbe qui ne porte pas d'indication de personne. Ainsi *manger, finir, prendre* sont des infinitifs. En allemand, les infinitifs ont une terminaison en -n : leben, lächeln, ärgern, etc.
INFINITIF SUBSTANTIVÉ	Infinitif employé comme nom. Dans la phrase *lire m'intéresse*, *lire* est un infinitif substantivé (ici sujet du verbe *intéresser*) que l'on traduit par (das) Lesen en allemand.
INTERROGATIF	Les pronoms interrogatifs sont employés pour formuler une **question**. Il peut s'agir d'une question directe (***quand** arriveras-tu ?*) ou d'une question indirecte (*je ne sais pas **quand** il arrivera*).
INTRANSITIF	Se dit d'un verbe qui n'a pas de complément d'objet et dont l'action se limite au sujet, par opposition à un verbe transitif. Par exemple, *marcher* est un verbe intransitif. Voir TRANSITIF.
MASCULIN	Voir GENRE.
MODE	Nom donné aux différentes classes dans lesquelles un verbe peut être conjugué. Le mode représente l'attitude du sujet parlant vis-à-vis de l'action dont il est question dans la phrase. Voir INDICATIF, SUBJONCTIF, CONDITIONNEL, IMPÉRATIF.
NEUTRE	Voir GENRE.
NOM	Un nom (ou substantif) est un mot qui sert à désigner une chose, un être animé, un lieu ou des idées abstraites. Par exemple *passeport, facteur, chat, magasin, vie*. En allemand, tous les noms

s'écrivent avec une majuscule : der Sohn (*le fils*), die Rose (*la rose*), etc.

NOM COMPOSÉ	Nom formé de deux mots distincts ou plus. En français, *ouvre-boîte* et *chou-fleur* sont des mots composés. Tous les noms composés allemands s'écrivent en un seul mot. Le genre d'un nom composé allemand est celui du dernier nom qui compose ce mot : der Tag → der Geburtstag.
NOMBRE	Le nombre d'un nom indique si celui-ci est **singulier** ou **pluriel.** Un nom singulier fait référence à une seule chose ou à une seule personne (*train, garçon*) et un nom pluriel à plusieurs (*trains, garçons*). Il existe cinq formes principales de pluriels en allemand.
NOMINATIF	Le nominatif est le cas employé lorsqu'un pronom ou un nom (son article et son adjectif) est sujet. Par exemple dans *le nouveau concierge parle allemand*, le groupe de mots *le nouveau concierge* doit être au nominatif en allemand.
OBJET DIRECT	Voir COMPLÉMENT.
OBJET INDIRECT	Voir COMPLÉMENT.
ORDINAL	Les nombres ordinaux sont *premier, deuxième, troisième*, etc. Ils expriment l'ordre, le classement. On les oppose aux nombres cardinaux. Les ordinaux allemands se terminent par -te(r/s). Voir CARDINAL.
PARTICIPE PASSÉ	Forme verbale employée avec l'auxiliaire *avoir* ou *être* en français pour former les temps composés (*j'ai **mangé** ; je suis **parti***) ou la voix passive (*la maison vient d'être **vendue***). Voir TEMPS COMPOSÉ.
PARTICIPE PRÉSENT	Forme verbale qui se termine par -ant en français (*en courant*, etc.) et -end en allemand.
PARTITIF	En français, l'article partitif *de* (ou *du, de la, des*) permet de désigner une partie par rapport à un tout qu'on ne peut pas dénombrer. Par exemple, *j'ai **de** l'argent, il nous faut **du** bois*, etc. Il n'a pas d'équivalent en allemand.
PASSIF	Un verbe est au passif ou à la voix passive lorsque le sujet n'accomplit pas l'action mais la

subit. En français, le passif se forme avec le verbe *être* et le participe passé du verbe : *il est aimé* ; *les tickets sont vendus à l'entrée*, etc. En allemand, on distingue le passif-action et le passif-état. Le premier (**werden** + participe passé) insiste sur l'action qui a été accomplie, tandis que le second (**sein** + participe passé) indique le résultat de l'action accomplie : die Vase **wurde zerbrochen** (*le vase a été cassé*), die Vase **ist zerbrochen** (*le vase est cassé*). Voir ACTIF.

POSSESSIF Les adjectifs et les pronoms possessifs s'emploient pour indiquer la possession ou l'appartenance. Ce sont des mots comme *mon/le mien, ton/le tien, notre/le nôtre*, etc.

PRÉPOSITION Les prépositions introduisent le complément d'un nom, d'un verbe, d'un adjectif ou d'un adverbe. Ce sont des mots tels que *avec, dans, vers, à, de*. Elles sont normalement suivies d'un nom ou d'un pronom, qui en allemand doivent être au cas déterminé par la préposition. Par exemple **mit** doit être suivi du datif : er geht mit **einem Stock** (*il marche avec une canne*).

PRINCIPALE Au sein d'une phrase, la proposition principale est celle dont dépendent les autres propositions (dites subordonnées). Par exemple *il a dit* dans *il a dit qu'il viendrait*. Voir SUBORDONNÉE.

PRONOM Mot qui remplace un nom. Les principales catégories de pronoms sont les :
* **pronoms personnels** (*je, me, moi, tu, te, toi*, etc.)
* **pronoms démonstratifs** (*celui-ci, celui-là*, etc.)
* **pronoms relatifs** (*qui, que*, etc.)
* **pronoms interrogatifs** (*qui ?, quoi ?, lequel ?*, etc.)
* **pronoms possessifs** (*le mien, le tien*, etc.)
* **pronoms réfléchis** (*me, te, se*, etc.)
* **pronoms indéfinis** (*quelque chose, tout*, etc.)

PRONOMINAUX Les verbes pronominaux sont des verbes accompagnés d'un pronom réfléchi (*me, te, se, nous, vous*) représentant le même être ou la même chose que le sujet. On distingue les verbes pronominaux réfléchis (voir RÉFLÉCHI), les verbes pronominaux non réfléchis (*s'envoler*) et les verbes pronominaux réciproques (*s'entraider* ; *se saluer*).

PROPOSITION Une proposition est un groupe de mots qui contient au moins un sujet et un verbe : *il chante* est une proposition. Une phrase peut être composée de plusieurs propositions : *il chante | quand il prend sa douche | et qu'il est content.*

QUESTION Il existe deux types de questions : les questions au style **direct**, qui sont retranscrites telles qu'elles sont dites (par exemple, *quand viendra-t-il ?*) ; les questions au style **indirect**, qui sont introduites par une proposition et ne nécessitent pas de point d'interrogation (par exemple, *je me demande quand il viendra*).

RADICAL DU VERBE Le radical du verbe est l'unité de base à laquelle on ajoute diverses terminaisons. Pour obtenir le radical d'un verbe allemand, il suffit d'enlever la terminaison de l'infinitif -en ou -n. Ainsi, le radical de sagen est sag, le radical de ärgern est ärger.

RÉFLÉCHI Les verbes réfléchis "renvoient" l'action sur le sujet (par exemple *je me suis habillé*). Ils comportent toujours un pronom réfléchi.

SUBJONCTIF Mode employé pour exprimer un souhait ou énoncer un doute, une possibilité, etc. Par exemple, le verbe *venir* est au subjonctif dans la phrase *il se peut qu'il vienne*. En allemand, on distingue notamment le **subjonctif présent (subjonctif I)** et le **subjonctif prétérit (subjonctif II)**. Le subjonctif I est principalement utilisé au discours indirect. Le subjonctif II sert essentiellement à exprimer un souhait, une hypothèse réalisable, une hypothèse conditionnelle. Le subjonctif II se présente sous deux formes : la forme simple formée à partir du radical du prétérit ou la forme composée avec würde + infinitif, forme que l'on utilise dans la plupart des cas pour traduire un conditionnel français.

SUBORDONNÉE Au sein d'une phrase, la subordonnée est une proposition qui dépend de la proposition principale. Sans cette dernière, la subordonnée ne forme-

	rait pas une phrase complète du point de vue syntaxique. Par exemple dans *il a dit qu'il viendrait*, la proposition subordonnée est *qu'il viendrait*.
SUBSTANTIF	Voir NOM.
SUFFIXE	Élément placé après une racine ou un radical pour former un dérivé. Par exemple, l'adverbe neulich (*récemment*) est formé de l'adjectif neu et du suffixe -lich.
SUPERLATIF	C'est le degré le plus élevé de la comparaison. Le superlatif d'un adjectif ou d'un adverbe se construit en français avec *le plus..., le moins...*.
TEMPS COMPOSÉ	Les temps composés sont des temps de verbes formés de plus d'un élément. En allemand, les temps composés d'un verbe se forment avec l'**auxiliaire** et le **participe passé** ou l'**infinitif** : ich habe gesehen ; er ist gekommen ; er wird kommen.
TERMINAISON	La terminaison d'un verbe est déterminée par la personne (1ère, 2ème, 3ème), par le nombre (singulier/pluriel) de son sujet, et par le temps employé. En allemand, les noms et les pronoms peuvent aussi avoir différentes terminaisons suivant leur nombre, leur genre ou leur cas.
TRANSITIF	Se dit d'un verbe qui se construit avec un complément d'objet. Les verbes transitifs s'opposent aux verbes intransitifs. Les verbes transitifs directs régissent leur complément (complément d'objet direct) sans intermédiaire ; c'est le cas de *manger*. Les verbes transitifs indirects régissent leur complément (complément d'objet indirect) par l'intermédiaire d'une préposition ; par exemple, *parler à*. Voir INTRANSITIF.
VERBE DE MODALITÉ	Les verbes de modalité permettent de modifier un verbe en exprimant différentes notions : la capacité, la possibilité, l'obligation, etc. Les verbes de modalité allemands sont können, müssen, dürfen, mögen, sollen, wollen.

1 LES ARTICLES ET LES DÉTERMINANTS

Il existe trois genres en allemand : le **masculin**, le **féminin** et le **neutre**. La forme de chaque article change selon le genre, le nombre et le cas du nom.

A L'ARTICLE DÉFINI

1 Formes

a) L'article défini a trois formes en français : "le", "la" et "les". En allemand, l'article défini change selon le genre du nom, son cas, et suivant qu'il est singulier ou pluriel. Pour l'emploi des cas, reportez-vous aux pages 50-1.

	MASCULIN	FÉMININ	NEUTRE	PLURIEL
nom.	der	die	das	die
acc.	den	die	das	die
dat.	dem	der	dem	den
gén.	des	der	des	der

der Chef ist heute nicht da
le patron n'est pas là aujourd'hui

kennst du den Sänger?
tu connais le chanteur ?

der Anfang des Liedes
le début de la chanson

hier sind die Äpfel
voici les pommes

es steht auf dem Tisch
c'est sur la table

sag es den anderen!
dis-le aux autres !

Remarque :

Un féminin allemand ne correspond pas toujours à un féminin français. Il en est de même pour le masculin. Il faut donc non seulement apprendre le mot, mais aussi son genre.

b) Un certain nombre de prépositions peuvent se contracter avec l'article. Par exemple an + das devient ans. Certaines formes contractées sont employées dans la langue écrite et parlée alors que d'autres ne sont employées qu'à l'oral :

- das
  - ans, ins
  - allemand parlé seulement : aufs, durchs, fürs, hinters, übers, ums, unters, vors

sie ging ans Fenster
elle est allée à la fenêtre

es geht ums Überleben
c'est une question de vie ou de mort

- dem
  - am, beim, im, vom, zum
  - allemand parlé seulement : hinterm, überm, unterm, vorm

ich gehe zum Bäcker
je vais chez le boulanger

vorm Haus steht ein Baum
il y a un arbre devant la maison

- der
  - zur

er fuhr zur Erholung in den Schwarzwald
il est allé en cure dans la Forêt-Noire

La forme contractée n'est pas utilisée lorsque l'auteur ou le locuteur souhaite mettre l'accent sur l'article :

wo? – ach, in dem Wirtshaus
où ? – oh, dans cette auberge

L'article a alors valeur de démonstratif.

En général, on n'utilise pas la forme contractée si le nom est suivi d'une proposition relative (voir pages 98-102) :

in dem Café, **das** gestern eröffnet wurde
dans le café qui s'est ouvert hier

2 Emplois

Comme en français, l'article défini s'emploie pour indiquer une personne ou une chose précise :

der Zirkus kommt
le cirque arrive

die Disco hinter dem Rathaus
la discothèque derrière la mairie

Cependant, il existe des différences d'emploi de l'article défini en allemand et en français.

a) *On omet l'article défini en allemand*

i) avec les noms de pays, de régions, de continents :

Frankreich
la France

Deutschland
l'Allemagne

Europa
l'Europe

Bayern
la Bavière

Il existe cependant quelques exceptions :

die Türkei
la Turquie

die Schweiz
la Suisse

der Sudan
le Soudan

das Elsass
l'Alsace

der Balkan
les Balkans

On garde l'article même lorsqu'il est précédé d'une préposition :

in der Türkei
en Turquie

wir fahren in die Schweiz
nous allons en Suisse

Avec certains noms de pays, l'article est facultatif :

(der) Iran
l'Iran

(der) Irak
l'Iraq

(der) Libanon
le Liban

im/in Iran
en Iran

Remarque :

Tous les noms géographiques qui ne sont normalement pas précédés de l'article défini, le sont lorsqu'ils sont déterminés par un adjectif, une proposition relative ou un complément du nom. Ils prennent alors l'article neutre das :

das schöne Berlin
la belle ville de Berlin

das Frankreich des letzten Jahrhunderts
la France du siècle dernier

ii) avec les noms de fêtes :

Pfingsten
la Pentecôte

bald ist wieder Fasching
ce sera bientôt le carnaval

iii) avec les titres :

Doktor Klausheimer
le docteur Klausheimer

iv) quand en français on a un **partitif** ("de la", "du", "des"), avec les noms de matières pris dans un sens général :

möchtest du Marmelade?
est-ce que tu veux de la confiture ?

willst du Milch?
est-ce que tu veux du lait ?

ich habe Bücher gelesen
j'ai lu des livres

er hat nur Bier getrunken
il n'a bu que de la bière

Stahl ist härter als Eisen
l'acier est plus dur que le fer

À la forme négative, on a :

ich mag **keine** Marmelade
je n'aime pas la confiture

ich habe **keine** Bücher gelesen
je n'ai pas lu de livres

v) avec les matières scolaires :

Deutsch ist mein Lieblingsfach
l'allemand est ma matière préférée

vi) dans les généralisations :

Hunde mag ich nicht
je n'aime pas les chiens

vor Männern wie ihm solltest du dich in Acht nehmen!
tu devrais faire attention aux hommes comme lui !

vii) parfois avec les **noms abstraits** :

was ist Liebe?
qu'est-ce que l'amour ?

wir kämpfen für (**die**) Freiheit
nous luttons pour la liberté

viii) avec les parties du corps :

sie hat grüne Augen
elle a les yeux verts

mais : sie hat sich **das** Bein gebrochen
elle s'est cassé la jambe

ix) avec les jours de la semaine :

montags gehe ich schwimmen
le lundi je vais nager

x) avec **ganz**, **halb**, **nächst**, **alle** :

ganz Europa
toute l'Europe

halb Deutschland
la moitié de l'Allemagne

nächstes Jahr
l'année prochaine

b) *On emploie l'article défini en allemand*

i) dans des indications de temps :

im Jahre 2004	im Sommer	im Januar
en 2004	*en été*	*en janvier*

Cependant, on omet l'article lorsque ces mots s'emploient avec un adjectif épithète :

wir ziehen nächsten Mai um
nous déménageons en mai prochain

ii) dans des appositions :

Frau Krumm, die Direktorin des Instituts, war nicht dabei
Madame Krumm, directrice de l'institut, n'était pas là

iii) dans des expressions contenant des noms abstraits :

ein Gefühl der Angst	ein Professor der Philosophie
un sentiment de peur	*un professeur de philosophie*

iv) avec des verbes exprimant un passage d'un état à un autre, tels que : werden, krönen, wählen, ernennen... zu + article :

er ist zum Innenminister ernannt worden
il a été nommé ministre de l'Intérieur

v) avec les moyens de transport, en particulier après une préposition :

mit dem Wagen	mit dem Schiff	mit dem Fahrrad
en voiture	*en bateau*	*à bicyclette*

vi) avec les noms propres en allemand parlé :

da kommt der Hans!	kennst du die Annemarie?
voilà Hans qui arrive !	*est-ce que tu connais Annemarie ?*

3 L'article défini employé comme pronom

a) On peut employer l'article défini à la place d'un pronom personnel (voir page 84). Toutefois, on ne trouve cet emploi qu'à l'oral, et en général lorsque le pronom est en tête de phrase :

Paul Gruber? der ist mein Freund
Paul Gruber ? c'est mon ami

Paul Gruber? den kenn' ich nicht
Paul Gruber ? je ne le connais pas

b) L'article neutre das s'emploie comme démonstratif pour faire référence à des personnes, à des événements ou à une phrase mentionnés plus tôt :

die Frau? das ist meine Mutter
cette femme ? c'est ma mère

beeil dich! das sind sie
dépêche-toi, ce sont eux !

du fährst mit? das ist toll
tu viens avec nous ? c'est génial

c) L'article défini s'emploie avec le pronom relatif dans la construction correspondant en français à "celui/celle(s)/ceux qui" :

der, **der** es getan hat, soll sich melden
celui qui a fait ça doit se faire connaître

gib es dem, **der** es am meisten braucht
donne-le à celui qui en a le plus besoin

d) Lorsque l'article défini est employé comme pronom, il a une forme différente au génitif :

MASCULIN	FÉMININ	NEUTRE	PLURIEL
dessen	deren	dessen	derer

Ces formes sont relativement peu employées. On les trouve dans des phrases du type c) ci-dessus :

auf Kosten derer, **die** arbeitslos sind
aux dépens de ceux qui sont au chômage

e) Les formes au génitif présentées ci-dessus sont aussi employées à la place du possessif (mein = *mon*, etc.) lorsque l'emploi de celui-ci pourrait être ambigu. La forme plurielle est alors deren :

sie sah Petra und ihren Mann

On ne sait pas si l'on parle du mari de Petra ou de celui du sujet (sie). La forme dessen/deren fait référence au dernier élément nommé, et évite ainsi toute ambiguïté :

sie sah Petra und deren Mann

Ici, aucune confusion n'est possible : il s'agit du mari de Petra.

B L'ARTICLE INDÉFINI

1 Formes

Comme l'article défini, l'article indéfini a trois genres. Il change lui aussi selon le genre et le cas du nom qui le suit. Il n'existe pas de forme au pluriel. Pour l'utilisation des cas, voir pages 50-1 :

	MASCULIN	FÉMININ	NEUTRE
nom.	ein	eine	ein
acc.	einen	eine	ein
dat.	einem	einer	einem
gén.	eines	einer	eines

eine Frau
une femme

nimm einen Stuhl
prends une chaise

die Mutter einer Schülerin
la mère d'une élève

hier ist ein Stuhl
voici une chaise

mit einem großen Hammer
avec un gros marteau

Remarque :

Pour exprimer le pluriel, on emploie simplement la forme plurielle du nom sans aucun article :

es gibt natürlich immer Ausnahmen
il y a bien sûr toujours des exceptions

2 Emplois

a) Comme en français, l'article indéfini s'emploie avec des noms qui font référence à quelque chose ou à quelqu'un qui n'a pas été mentionné auparavant :

hätten Sie zufällig einen kleinen schwarzen Hund gesehen?
auriez-vous vu par hasard un petit chien noir ?

ich möchte ein Bier
je voudrais une bière

b) L'emploi de l'article indéfini est très similaire en allemand et en français. Mais voici quelques différences :

er ist Deutscher
c'est un Allemand

sie ist Französin
c'est une Française

sie ist Katholikin
c'est une catholique

er hat **eine** rote Nase
il a le nez rouge

als er **ein** Kind war
lorsqu'il était enfant

welch **ein** Erfolg!
quel succès !

was für **ein** Buch ist das?
c'est quel genre de livre ?

3 L'article indéfini employé comme pronom

a) Lorsque l'article indéfini est employé seul, comme pronom, il a la même forme que dans le tableau du paragraphe B1, sauf pour le nominatif masculin qui devient **einer** et le nominatif et l'accusatif au neutre qui deviennent **ein(e)s**.

b) Employé comme pronom, il se rapporte à une personne ou à une chose indéterminée :

ein(e)s von den Mädchen
une des filles

einer meiner Freunde
un de mes amis

Il est souvent utilisé à la place de **man** (*on*) :

was soll **einer** da machen?
qu'est-ce qu'on doit faire ?

Remarque :

Einen et **einem** sont aussi les formes respectives de l'accusatif et du datif de **man** (voir page 89) :

es kann **einen** schon ärgern, wenn man...
ça peut être vraiment énervant si l'on...

man soll es offen sagen, wenn **einem** etwas nicht gefällt
il faut dire ouvertement ce que l'on n'aime pas

4 Irgendein

Irgendein se traduit en général par "un... quelconque", "n'importe quel". Il a les mêmes terminaisons que **ein** et peut s'utiliser à la fois en tant qu'article et en tant que pronom :

wir werden irgendeinen Film sehen
on va voir un film (n'importe lequel)

irgendeiner hat's gesagt
quelqu'un l'a dit (on ne sait pas qui)

irgendeine Ausrede
n'importe quelle excuse

Au pluriel, on emploie irgendwelche :

hat jemand irgendwelche Fragen?
quelqu'un a des questions ?

5 L'article indéfini employé comme adjectif

Ein peut s'employer comme adjectif après l'article défini et après un démonstratif ou un possessif. Il se décline alors comme un adjectif (voir page 61) :

der eine Besucher wollte mehr Auskünfte
un des visiteurs voulait plus d'informations

die Frau **des** einen lebt noch
la femme de l'un d'entre eux est encore en vie

C KEIN (pas de, pas un, aucun)

Kein a les mêmes terminaisons que l'article indéfini ein mais il a aussi une forme au pluriel :

	MASCULIN	FÉMININ	NEUTRE	PLURIEL
nom.	kein	keine	kein	keine
acc.	keinen	keine	kein	keine
dat.	keinem	keiner	keinem	keinen
gén.	keines	keiner	keines	keiner

a) Kein est la forme négative de l'article indéfini et il s'emploie avec des mots qui ne sont pas précédés de l'article :

AFFIRMATION	NÉGATION
ich habe Zeit *j'ai le temps*	sie hat keine Zeit *elle n'a pas le temps*

ich habe einen Computer
j'ai un ordinateur

er hat keinen Computer
il n'a pas d'ordinateur

ich habe Ferien
je suis en vacances

er hat keine Ferien
il n'a pas de vacances

Il correspond au français “aucun”, “pas de/un” :

kein einziger Mensch kam
pas une seule personne n'est venue

b) Kein s'emploie aussi seul comme pronom. Le nominatif masculin singulier est alors keiner, le nominatif et l'accusatif au neutre singulier sont kein(e)s :

keiner weiß, wo er steckt
personne ne sait où il se cache

D DERJENIGE et DERSELBE (celui ; le même)

Ces adjectifs démonstratifs sont formés de deux éléments : le premier prend la marque de l'article défini, le deuxième celle de l'adjectif lorsqu'il est précédé de l'article défini (voir page 61) :

	MASCULIN	FÉMININ	NEUTRE	PLURIEL
nom.	derjenige	diejenige	dasjenige	diejenigen
acc.	denjenigen	diejenige	dasjenige	diejenigen
dat.	demjenigen	derjenigen	demjenigen	denjenigen
gén.	desjenigen	derjenigen	desjenigen	derjenigen

Derselbe suit le même modèle.

a) Derjenige peut s'employer avant un nom ou bien seul, comme pronom. On l'utilise pour préciser la personne ou la chose sur laquelle on va donner plus d'informations. Il est donc toujours suivi d'une proposition relative, d'un nom au génitif, ou bien d'une préposition suivie d'un nom.

Un nom précédé de derjenige est toujours suivi d'une proposition relative.

diejenigen, **die** schon Karten haben, sollen vortreten
ceux qui ont déjà leurs billets doivent s'avancer

diejenigen mit Karten sollen vortreten
ceux qui ont des billets doivent s'avancer

kennst du diejenigen Mitglieder, **die** dagegen gestimmt haben?
connais-tu les membres qui ont voté contre ?

b) On emploie derselbe devant un nom ou bien seul, comme pronom. Il se traduit par “le même” et s'écrit en un seul mot :

das ist nicht mehr dieselbe Mannschaft
ce n'est plus la même équipe

es läuft auf dasselbe hinaus
cela revient au même

Remarque :

L'article (der, etc.) dans derselbe peut se contracter avec certaines prépositions (voir page 17). Il s'écrit alors en deux mots :

im selben Haus
dans la même maison

zur selben Schule
à la même école

c) Dergleichen (*un tel, un pareil*)

Der gleiche s'écrit en deux mots, sauf lorsqu'il signifie “un tel”, auquel cas il s'écrit dergleichen. Dergleichen peut s'employer tout seul ou avant un nom, mais dans les deux cas, sa forme reste la même :

ich habe nichts dergleichen gesagt!
je n'ai jamais dit ça !

dergleichen Fälle
de tels cas

E LES DÉMONSTRATIFS

dieser	jener	jeder	mancher	solcher	aller	welcher
ce	*ce*	*chaque*	*maint, plus d'un*	*tel*	*tous*	*quel*

On les appelle généralement adjectifs (ou pronoms) démonstratifs. Les adjectifs qui les suivent ont la même terminaison que ceux précédés de l'article défini.

1 Formes

	MASCULIN	FÉMININ	NEUTRE	PLURIEL
nom.	dieser	diese	dieses	diese
acc.	diesen	diese	dieses	diese
dat.	diesem	dieser	diesem	diesen
gén.	dieses	dieser	dieses	dieser

Les autres adjectifs démonstratifs ont les mêmes terminaisons. Cependant, jeder n'est employé qu'au singulier.

2 Emplois

a) Dieser (*ce*)

On emploie dieser pour indiquer une personne ou un objet précis. On peut l'utiliser avec un nom (article démonstratif : "ce", "cette", "ces"), ou seul (pronom démonstratif : "celui-ci", "celle-ci", ceux-ci", etc.)

gefällt dir dieser Mantel?
tu aimes ce manteau ?

nein, ich nehme diesen
non, je vais prendre celui-ci

Il est souvent renforcé par hier ou da, placés après le nom qu'il accompagne. Il correspond en français à "ce...(-ci)" et "ce...(-là)" :

diese Jacke hier ist schöner
cette veste(-ci) est plus belle

aber probier diese da an
mais essaie donc celle-là

Lorsqu'il est employé seul, avant sein (à n'importe quel temps), on emploie généralement la forme dies, quel que soit le nombre ou le genre du nom auquel il se rapporte. Le verbe est au singulier ou au pluriel suivant le nombre du nom qui le suit :

dies sind meine Eltern
ce sont mes parents

dies hier ist meine Tochter
c'est ma fille

dies(es) waren die besten Bilder
c'étaient les meilleures photos

Remarquez que l'on emploie parfois la forme contractée dies au neutre nominatif et à l'accusatif.

b) Jener (*ce*)

Jener est relativement peu employé dans la langue parlée. Pour exprimer "ce...-là" par opposition à "ce...-ci", on emploie normalement **der/die/das** (voir c) ci-dessous). Dans l'exemple suivant, qui est d'un niveau de langue plutôt soutenu, on pourrait remplacer **jene** par **die**, mais **jene** est un peu plus emphatique :

er meint **jene** Person, die chemische Kenntnisse hat
il pense à cette personne qui a des connaissances en chimie

On emploie **jener** et **dieser** dans l'opposition "le premier... ce dernier" ou "celui-là... celui-ci" dans un langage plus soutenu :

ich möchte nicht **dieses**, sondern **jenes** Bild
je ne veux pas de cette image-ci, je veux plutôt celle-là

c) **Der, die, das**

L'article défini s'emploie aussi en allemand dans le sens de "ce...(-là)". On ajoute parfois le mot **da** après le nom :

der Mann (da)
cet homme(-là)

die Schule (da)
cette école(-là)

d) **Jeder** (*chaque, chacun*)

Jeder peut s'employer avant un nom ou seul, comme pronom :

jedes Kind weiß das
chaque/tout enfant sait cela

jeder soll kommen
tout le monde doit venir

Notez que **jedermann** est un peu plus soutenu. On emploie plus couramment **jeder**.

On peut renforcer **jeder** en ajoutant **ein** devant. Il garde toutefois les mêmes terminaisons :

ein jeder muss was mitbringen
chacun doit apporter quelque chose

e) **Mancher** (*maint, plus d'un*)

Mancher peut s'employer avec un nom ou seul, comme pronom. Il indique un nombre incertain et peut se traduire par "plusieurs", "beaucoup", "plus d'un" :

manche älteren Leute
quelques personnes plus âgées

manche hundert Euro
plusieurs centaines d'euros

mancher Mann möchte reich sein
plus d'un homme voudrait être riche

manches blieb unerledigt
il restait beaucoup à faire

i) On peut employer **manch** au singulier sans terminaison devant un adjectif suivi d'un nom :

sie hat **manch** schöne Stadt gesehen
elle a vu beaucoup de belles villes

Mais attention, cet usage est très littéraire.

ii) **Manch** reste invariable devant un article indéfini :

manch eine interessante Geschichte
plus d'une histoire intéressante

manch ein Roman
plus d'un roman

Employé seul, le nominatif masculin devient **manch einer** :

manch einer würde gern berühmt sein
plus d'un voudrait bien être célèbre

f) **Solcher** (*un tel*)

i) Au singulier, on emploie rarement **solcher** avec des personnes ou des objets particuliers. On l'utilise en général avec des noms de qualités, des noms abstraits, etc. :

solches Wetter!
quel temps !

er hat **solche** Kraft
il a tant de force

mit **solcher** Geschwindigkeit, dass...
à une telle vitesse que...

Avec des personnes ou des objets précis, on emploie **so ein** :

so ein Fahrer
un conducteur comme lui

haben Sie **so eine** Diskette?
avez-vous une disquette comme celle-ci ?

Au pluriel, on l'emploie avec tous les noms :

solche Frauen sind gefährlich
de telles femmes sont dangereuses

On peut aussi l'employer seul, comme pronom, en général au pluriel :

ich kenne auch **solche**
j'en connais aussi

Au singulier, on ne l'emploie couramment seul qu'au neutre, sous la forme **solches** :

hast du je solches gehört?
as-tu déjà entendu une chose pareille ?

ii) Solch reste invariable lorsqu'il est employé avant un adjectif suivi d'un nom (il se traduit alors par "tellement", "si") :

ein solch altes Schloss
un château tellement vieux

solch schicke Kleider
des robes si élégantes

iii) Solch reste invariable lorsqu'il est suivi d'un article indéfini :

solch ein altes Schloss
un si vieux château

mit solch einem Freund
avec un tel ami

Employé comme pronom, le nominatif masculin est solch einer, le neutre au nominatif et à l'accusatif est solch eines :

solch einer war's
c'en était un comme ça

hast du je solch eines gesehen?
tu en as déjà vu un comme ça ?

iv) On peut aussi employer solcher après ein ou kein. Dans ce cas, il se décline comme l'adjectif (voir page 63).

Comparez :

bei solchem schrecklichem Sturm
bei **einem** solchen schrecklichen Sturm
pendant une tempête tellement épouvantable

g) Aller (*tout, tous*)

i) Au singulier, aller ne peut s'employer qu'avec des noms de qualités, de matières ou des noms abstraits :

bei aller Bewunderung
malgré toute mon admiration

er hat alles Geld ausgegeben
il a dépensé tout l'argent

Au pluriel, il peut s'employer avant n'importe quel nom :

alle Spieler
tous les joueurs

für alle Kunden
pour tous les clients

der Beste von allen Gruppen
le meilleur de tous les groupes

Au neutre singulier et au pluriel, on peut l'employer seul, comme pronom :

nach allem, **was** du mir gesagt hast
après tout ce que tu m'as dit

alles in Ordnung?
tout va bien ?

Sie müssen alle kommen
vous devez tous venir

alle waren dagegen
tout le monde était contre

Remarquez les expressions suivantes :

alle Welt
tout le monde

die ganze Welt
le monde entier

Notez aussi que la forme normale avec la plupart des noms masculins et neutres au génitif singulier est allen :

allen Ernstes
sérieusement

ii) Devant un article, un adjectif démonstratif ou possessif, la forme habituelle est all, qui reste invariable. L'adjectif, le démonstratif et le possessif gardent leurs terminaisons normales :

all unsere Bekannten
toutes nos connaissances

mit all diesem Geld
avec tout cet argent

all die Männer
tous les hommes

On peut aussi employer das alles et dies alles à la place de all das et all dies.

Notez l'ordre des mots :

- après un pronom :

es alles
le tout

mit uns allen
avec nous tous

- devant beide ou un nombre :

alle beide
tous les deux

von allen vier(en)
de tous les quatre

Deux structures sont possibles dans ce cas ; “tous les trois sont venus” peut se traduire des deux façons suivantes :

alle drei sind gekommen
sie sind alle drei gekommen

h) Welcher? (*quel ?, lequel ?*)

i) Welcher est un adjectif ou pronom interrogatif. On peut donc l'employer devant des noms ou bien seul, comme pronom :

welche Farbe nehmen wir?
quelle couleur allons-nous choisir ?

bei welcher Familie wohnt sie?
dans quelle famille loge-t-elle ?

welche kommen mit?
lesquels viennent avec nous ?

welches gefällt dir am besten?
lequel tu préfères ?

ii) Avant le verbe “être” (à tous les temps), on emploie souvent la forme welches pour tous les genres, au singulier et au pluriel. Le verbe est au singulier ou au pluriel suivant le nombre du nom qui suit :

welches ist der nächste Weg?
quel est le plus court chemin ?

welches/welche waren die besten?
quels étaient les meilleurs ?

iii) On peut employer welch devant un adjectif suivi d'un nom dans les phrases exclamatives. Il reste alors invariable dans cet usage assez littéraire. On préfère l'emploi de was für dans la langue de tous les jours :

welch furchtbarer Kampf!
quel combat effroyable !

was für **ein** schlechtes Spiel!
quel mauvais jeu !

Dans les exclamations, on peut employer welcher avec un article indéfini devant un nom ou un adjectif suivi d'un nom :

welch ein schrecklicher Kerl!
quel affreux individu !

On peut aussi employer welcher devant un nom dans les phrases exclamatives. Cet emploi est très formel, bien que quelques expressions avec des noms féminins soient d'un niveau moins soutenu :

welche Freude!
quelle joie !

welche Schande!
quelle honte !

iv) Comme adjectif ou pronom interrogatif, welcher peut introduire une proposition faisant fonction de complément d'objet d'un verbe d'expression, etc. Le verbe de la proposition introduite par welcher se place à la fin de celle-ci :

sag mir, welche Kassette mehr kostet
dis-moi quelle cassette coûte le plus cher

weißt du, welche mehr kostet?
sais-tu laquelle coûte le plus cher ?

v) **Welcher** peut aussi s'employer seul comme pronom indéfini, à la place de **etwas** et **einige**, etc. Dans cet usage, il n'indique pas une question. C'est un emploi très fréquent dans la langue de tous les jours. Il se traduit par "en" en français :

ich hab' kein Geld mehr, hast du **welches**?
je n'ai plus d'argent, tu en as ?

lass sie zu Hause, ich habe **welche**
laisse-les à la maison, j'en ai

La forme négative de **welcher** dans cet usage est **kein** :

bring sie mit, ich hab **keine**
apporte-les avec toi, je n'en ai pas

vi) **Welcher** peut s'employer comme pronom relatif, sans indiquer une question. Son usage est moins courant que celui de **der/die/das**, mais est très utile pour éviter les répétitions :

das ist die Bluse, **welche** sie gewählt hat
c'est le chemisier qu'elle a choisi

wähle **die**, **welche** dir gefallen
choisis ceux qui te plaisent

F LES POSSESSIFS

1 Formes

À chacun des pronoms personnels correspond un possessif :

PRONOMS PERSONNELS		ADJECTIFS POSSESSIFS
ich	*je*	mein
du	*tu*	dein
er	*il*	sein
sie	*elle*	ihr
es	*il/elle*	sein
wir	*nous*	unser
ihr	*vous*	euer
Sie	*vous*	Ihr
sie	*ils/elles*	ihr

Voir page 84 pour les différences entre **ihr** et **Sie**, etc.

Les adjectifs possessifs ont les mêmes terminaisons que ein et kein, différentes selon le genre, le nombre et le cas du nom qu'ils qualifient :

	MASCULIN	FÉMININ	NEUTRE	PLURIEL
nom.	mein	meine	mein	meine
acc.	meinen	meine	mein	meine
dat.	meinem	meiner	meinem	meinen
gén.	meines	meiner	meines	meiner

On a les mêmes terminaisons pour dein, sein, etc.

mit unserer Hilfe
avec notre aide

für Ihre Kinder
pour vos enfants

Remarque :

Contrairement au français qui a trois formes (son, sa, ses), il n'existe que deux formes différentes à la troisième personne du singulier. Quand le possesseur est du genre masculin ou neutre, on emploie les formes de sein. Quand le possesseur est du genre féminin, on emploie les formes de ihr. (Voir aussi page 86) :

sie hat ihren Wagen mitgebracht
elle a amené sa voiture

er hat seinen Wagen mitgebracht
il a amené sa voiture

er/**sie** hat seine/ihre Schulbücher weggeworfen
il/elle a jeté ses livres de classe

a) Euer perd généralement le deuxième e s'il est décliné : eure, euren, etc. ; unser perd souvent son e dans la langue parlée, mais on le conserve normalement à l'écrit.

b) Les adjectifs possessifs gardent les mêmes terminaisons lorsqu'ils sont précédés de aller, dieser, jener :

mit **aller** seiner Geschicklichkeit
avec toute son habileté

diese meine Freunde
ces amis-là (à moi)

mais : diese alten Freunde von mir
ces anciens amis (à moi)

c) Dans les lettres, lorsque l'on s'adresse à la troisième personne (formule de politesse), on met une majuscule :

Herr Direktor, herzlichen Dank für Ihren freundlichen Brief
Monsieur le Directeur, je vous remercie pour votre lettre

Mais ce n'est plus le cas avec dein et euer :

ich habe deinen/euren Brief erhalten...
j'ai bien reçu ta/votre lettre...

d) Pour l'emploi de dessen ou deren, voir page 21.

2 Emplois

a) Le possessif peut aussi s'employer seul, comme pronom. Dans ce cas, le nominatif masculin a la forme meiner, deiner, seiner, etc., et le neutre au nominatif et à l'accusatif a la forme meines, deines, seines, etc. En allemand parlé, meines, etc. est souvent contracté en meins, etc. :

leih mir **dein** Rad, mein(e)s ist kaputt
prête-moi ton vélo, le mien est cassé

das ist **ihr** Platz und das ist seiner
c'est sa place et celle-ci, c'est la sienne (à lui)

b) Le possessif en tant qu'adjectif substantivé s'emploie dans certaines expressions idiomatiques :

die Seinen
les siens

sie hat **das** Ihre getan
elle a fait sa part

grüß **die** Deinen
mon bon souvenir à ta famille

c) On peut employer le possessif avec l'article défini comme pronom (à la place de l'usage mentionné en a) ci-dessus). Dans ce cas, il porte la terminaison d'un adjectif après l'article défini. Cet usage est généralement considéré comme littéraire :

das ist vielleicht seine Ansicht, aber keineswegs **die** meine
c'est peut-être son avis mais ce n'est en aucun cas le mien

d) On peut aussi utiliser la forme du possessif et le suffixe -ig avec l'article défini : der meinige, der deinige, der seinige, der ihrige, der unsrige, der eurige, der Ihrige, der ihrige. Cet usage est lui aussi littéraire :

ich habe **das** Meinige getan
j'ai fait ma part

2 LES NOMS

En allemand, les noms communs s'écrivent, comme les noms propres, avec une majuscule : Haus *maison*, Ball *ballon*, etc.

A LE GENRE

Comme nous l'avons vu, il existe trois genres en allemand : le **masculin**, le **féminin** et le **neutre**. L'article et l'adjectif qui précèdent le nom s'accordent avec le nom en genre, en nombre et en cas.

Il faut donc apprendre le genre du nom, qui ne correspond pas nécessairement au français. Cependant, le sens et la terminaison de certains mots permettent de reconnaître leur genre.

1 Le masculin

a) *Suivant le sens*

i) les noms d'hommes et d'animaux mâles :

der Sohn *le fils*	der Student *l'étudiant*	der Hahn *le coq*

Remarque :

Les noms d'espèces peuvent être masculins, féminins ou neutres :

der Elefant *l'éléphant*	die Schlange *le serpent*	das Kamel *le chameau*

ii) les noms de jours, de mois et de saisons :

nächsten Mittwoch *mercredi prochain*	letzten Mai *mai dernier*	der Herbst *l'automne*

iii) les points cardinaux, les phénomènes atmosphériques :

der Süden *le sud*	der Monsun *la mousson*	der Hagel *la grêle*

iv) les marques de voitures :

der BMW	der Opel	der Cadillac

Mais les noms de motos sont féminins :

die BMW	die Harley-Davidson

v) les noms de roches et de terre :

der Quarz *le quartz*	der Basalt *le basalt*	der Lehm *l'argile*

b) *Suivant la terminaison*

-en	der Hafen *le port*	der Wagen *la voiture*
-er	der Arbeiter *le travailleur*	der Kopfhörer *le casque d'écoute*
mais :	das Fenster *la fenêtre*	das Messer *le couteau*
	das Kloster *le monastère*	die Tochter *la fille*
	et d'autres noms neutres et féminins	
-ich	der Teppich *le tapis*	der Gänserich *le jars*
-ig	der König *le roi*	
-ismus	der Terrorismus *le terrorisme*	
-ist	der Optimist *l'optimiste*	
-ling	der Frühling *le printemps*	mein Liebling *mon chéri/ma chérie*
-or	der Horror *l'horreur*	der Motor *le moteur*
consonne + -s	der Schnaps *le schnaps*	der Lachs *le saumon*

2 Le féminin

a) *Suivant le sens*

i) les noms désignant des êtres animés de sexe féminin :

die Mutter *la mère*	meine Frau *ma femme*	eine Kuh *une vache*

ii) les noms de métiers féminins dérivés du masculin et se terminant par **-in** :

die Ärztin *le docteur*	die Journalistin *la journaliste*	die Geologin *la géologue*

Remarquez que les noms de produits chimiques en **-in** sont neutres : das Benzin *le pétrole*

iii) la plupart des noms d'arbres, de fruits et de fleurs :

die Pappel *le peuplier*	die Kirsche *la cerise*	die Ananas *l'ananas*
die Kiefer *le pin*	die Nelke *l'œillet*	die Rose *la rose*

mais :

der Ahorn *l'érable*	der Apfel *la pomme*	der Pfirsich *la pêche*

iv) les marques d'avions et les noms de bateaux :

die Boeing — die Graf Spee

mais :

der Starfighter — der Airbus

v) les nombres :

eine Null *un zéro*	die Sieben *le sept*

b) *Suivant la terminaison*

-a	die Kamera *l'appareil photo*	die Tuba *le tuba*
-ei	die Kartei *le fichier*	

Mais remarquez que les mots composés avec le nom neutre **Ei** (*œuf*) restent neutres : das Entenei *l'œuf de cane*

-enz	die Frequenz *la fréquence*

-heit		die Freiheit *la liberté*	
-ie		die Chemie *la chimie*	
	mais :	das Genie *le génie*	
-ik		die Technik *la technique*	
	mais :	der Pazifik *le Pacifique*	der Katholik *le catholique*
-keit		die Süßigkeit *la sucrerie*	
-schaft		die Mannschaft *l'équipe*	
-tät		die Pubertät *la puberté*	
-tion		die Reaktion *la réaction*	
-ung		die Eroberung *la conquête*	
	mais :	der Sprung *le saut*	
-ur		die Natur *la nature*	

3 Le neutre

a) *Suivant le sens*

i) les noms d'enfants et de jeunes animaux :

das Kind *l'enfant*	das Baby *le bébé*	das Elefantenjunge *l'éléphanteau*
das Kalb *le veau*	das Lamm *l'agneau*	das Füllen *le poulain*

Mais **das Junge** (*le petit*) est un adjectif substantivé ; pour les terminaisons, voir pages 41-2.

ii) les noms de continents, de villes, de régions et de la plupart des pays :

das Europa der 20er-Jahre
l'Europe des années vingt

das Berlin meiner Kindheit
le Berlin de mon enfance

Mais les noms de pays toujours précédés d'un article défini sont en général féminins :

die Schweiz *la Suisse*	**die Türkei** *la Turquie*
ou pluriels :	**die USA** *les USA*

En général, les noms de pays, etc. se terminant par **-e**, **-ei** ou **-ie** sont féminins.

iii) les verbes substantivés et mots invariables :

das Lesen *la lecture*	**das Auf und Ab** *les hauts et les bas*

iv) les diminutifs se terminant par **-chen** et **-lein** :

das Mädchen *la fille*	**das Fräulein** *la jeune femme*	**das Städtchen** *la petite ville*

v) les fractions :

ein Sechstel
un sixième

vi) les collectifs commençant par le préfixe **Ge-** :

das Gebirge *les montagnes*	**das Gerede** *les racontars*

vii) la plupart des noms de métaux, les éléments chimiques et les médicaments :

das Messing *le laiton*	**das Uran** *l'uranium*	**das Aspirin** *l'aspirine*

b) *Suivant la terminaison*

-ing (de l'anglais)	**das Meeting** *le meeting*	**das Petting** *le pelotage*

-ma		das Thema *le sujet*	das Dogma *le dogme*
-ment		das Regiment *le régiment*	das Appartement *l'appartement*
	mais :	der Zement *le ciment*	der Moment *le moment*
-nis		das Zeugnis *le bulletin*	das Ereignis *l'événement*
	mais :	die Kenntnis *la connaissance*	die Erlaubnis *l'autorisation*
-tum		das Eigentum *la propriété*	
	mais :	der Irrtum *l'erreur*	der Reichtum *la richesse*
-um/-ium		das Zentrum *le centre*	das Studium *les études*

4 Les adjectifs substantivés

Tous les adjectifs, et beaucoup de participes passés, peuvent se substantiver. Ils prennent alors une majuscule mais conservent leur terminaison d'adjectif :

der Deutsche *l'Allemand*	mais :	ein Deutscher *un Allemand*
viele Deutsche *beaucoup d'Allemands*	mais :	alle Deutschen *tous les Allemands*

Pour la liste complète des terminaisons, voir pages 61-7.

a) *Le masculin et le féminin*

Les noms masculins et féminins formés à partir de l'adjectif font généralement référence à des personnes :

der Erste *le premier*	die Letzte *la dernière*	ein Neuer *un nouveau*

Lorsqu'un adjectif se réfère à un nom mentionné précédemment, il n'a pas de majuscule, le nom étant sous-entendu. Comparez :

zwei Läufer kommen, der deutsche führt knapp
deux coureurs arrivent, l'Allemand mène la course de justesse

der Deutsche hat gewonnen
l'Allemand a gagné

b) *Le neutre*

Les noms neutres formés à partir d'adjectifs font en général référence à des idées abstraites ou des qualités indiquées par l'adjectif :

das Beste
le meilleur

das Erschreckende
ce qui est effrayant

im Allgemeinen
en général

im Großen und Ganzen
dans l'ensemble

i) De tels substantifs s'emploient parfois avec **an** + datif :

das Interessante an dieser Geschichte
ce qui est intéressant dans cette histoire

ii) De tels substantifs s'emploient souvent après **etwas**, **nichts**, **viel**, **wenig**, **alles** :

etwas Leckeres
quelque chose de bon

nichts Neues
rien de nouveau

alles Gute!
bonne chance !

Remarque :

Parfois, lorsque ces mots sont employés dans des expressions figées, ils ne prennent pas de majuscule (en cas de doute, consultez un dictionnaire) :

etwas anderes
quelque chose d'autre

c) *Les noms de couleurs*

Les noms de couleurs se forment à partir de l'adjectif, mais il existe des formes qui portent la terminaison de l'adjectif et d'autres pas :

i) La forme sans la terminaison de l'adjectif s'emploie normalement pour la couleur dans un sens général :

das Blau des Himmels
le bleu du ciel

Rot steht dir nicht
le rouge ne te va pas

Grün ist meine Lieblingsfarbe
le vert est ma couleur préférée

ii) La forme avec la terminaison de l'adjectif s'emploie normalement pour qualifier des objets précis de cette couleur :

das Weiße seiner Augen
le blanc de ses yeux

das Gelbe vom Ei
le jaune d'œuf

Pour les feux de circulation, on emploie Rot et Grün :

bei Rot soll man halten, bei Grün darf man fahren
il faut s'arrêter au rouge, au vert on peut passer

Notez le pluriel des différentes nuances d'une même couleur :

die verschiedenen Rottöne des Gemäldes
les différents rouges de la peinture

5 Divers

a) Comme en français, certains mots ont le même genre quel que soit le sexe de la personne à laquelle ils se rapportent :

der Mensch	*humain, homme*
der Gast	*invité(e)*
die Geisel	*otage*
die Person	*personne*
die Wache	*garde*
die Waise	*orphelin(e)*
das Genie	*génie*
das Individuum	*individu*
das Staatsoberhaupt	*chef d'État*
das Opfer	*victime*
das Mitglied	*membre*

b) Les noms composés ont le même genre que le dernier élément :

der Haus**meister**
le concierge

die Hausmeister**wohnung**
la conciergerie

c) Pour les adjectifs substantivés, voir section 4 page 41.

d) Certains noms peuvent avoir plusieurs genres :

der/das/(*Fam*) die Jogurt
le yaourt

der Teil
la partie, la part

das Teil
la partie, le composant, la pièce

dieser Teil der Arbeit
cette partie du travail

das fehlerhafte Teil des Vergasers
la pièce défectueuse du carburateur

Mais les noms composés avec -teil ont un genre fixe :

der Vorteil
l'avantage

das Gegenteil
le contraire

e) Les noms de la liste ci-dessous comptent parmi les substantifs les plus courants qui changent de sens selon leur genre :

	MASCULIN (der)	**FÉMININ** (die)	**NEUTRE** (das)
Band	*livre, volume*	*groupe (musique)*	*bande, lien*
Erbe	*héritier*	–	*héritage*
Gehalt	*contenu*	–	*salaire*
Golf	*golfe*	–	*golf*
Heide	*païen*	*bruyère*	–
Hundert	–	*100 (chiffre)*	*100 (montant)*
Hut	*chapeau*	*gardes (être sur ses)*	–
Junge	*garçon*	–	*petit*
Kiefer	*mâchoire*	*pin*	–
Kunde	*client*	*nouvelle*	–
Laster	*camion*	–	*vice*
Leiter	*directeur*	*échelle*	–
Mangel	*manque*	*calandre*	–
Mark	–	*mark*	*moelle*
Maß	–	*chope (bière)*	*mesure*
Moment	*moment*	–	*moment (en physique)*
Otter	*loutre*	*vipère*	–
Pack	*paquet*	–	*racaille*
Schild	*bouclier*	–	*enseigne*
See	*lac*	*mer*	–
Steuer	–	*impôt*	*volant*
Stift	*crayon*	–	*fondation*
Tau	*rosée*	–	*corde*
Tausend	–	*1000 (chiffre)*	*1000 (montant)*
Tor	*fou*	–	*porte cochère, but*
Verdienst	*revenu*	–	*mérite*
Weise	*sage*	*manière, mélodie*	–

B LA FORMATION DES PLURIELS

Il existe cinq formes principales de pluriels en allemand, dont trois prennent parfois l'inflexion (c'est-à-dire un Umlaut (¨) sur les voyelles a, o et u de la racine). Vous trouverez ci-dessous des listes de noms illustrant les cinq formes de pluriels allemands. Cependant, lorsque vous apprenez un nom, il est nécessaire d'apprendre aussi son pluriel.

1 Pas de terminaison au pluriel, certains prennent une inflexion

Ceci s'applique aux noms masculins et neutres se terminant par -chen, -el, -er et -lein.

das Mädchen	→	die Mädchen	*fille*
der Hobel	→	die Hobel	*rabot*
das Kabel	→	die Kabel	*câble*
der Braten	→	die Braten	*rôti*
das Kissen	→	die Kissen	*coussin*
der Bagger	→	die Bagger	*excavatrice*
das Messer	→	die Messer	*couteau*
das Büchlein	→	die Büchlein	*petit livre*

Certains noms masculins, et occasionnellement féminins et neutres, prennent une inflexion :

der Vogel	→	die Vögel	*oiseau*
der Laden	→	die Läden	*magasin*
der Hammer	→	die Hämmer	*marteau*
das Kloster	→	die Klöster	*monastère, couvent*
die Mutter	→	die Mütter	*mère*
die Tochter	→	die Töchter	*fille*

2 Pluriel en -e

Ceci s'applique à la plupart des noms masculins, à un grand nombre de noms neutres et à un groupe de noms courants féminins monosyllabiques, ainsi qu'aux noms féminins se terminant par -nis. On double le s après -nis.

der Tag	→	die Tage	*jour*
der Freund	→	die Freunde	*ami*
der Dom	→	die Dome	*cathédrale*
der Monat	→	die Monate	*mois*
der Bericht	→	die Berichte	*rapport*

das Haar	→	die Haare	*cheveu*
das Pfund	→	die Pfunde	*livre (monnaie)*
das Gesetz	→	die Gesetze	*loi*
das Ereignis	→	die Ereignisse	*événement*
die Kenntnis	→	die Kenntnisse	*connaissance*

Tous les féminins monosyllabiques, beaucoup de masculins monosyllabiques et quelques noms masculins monosyllabiques ayant un préfixe prennent une inflexion :

die Hand	→	die Hände	*main*
die Kunst	→	die Künste	*art*
der Traum	→	die Träume	*rêve*
der Knopf	→	die Knöpfe	*bouton*
der Einwand	→	die Einwände	*objection*
der Anfang	→	die Anfänge	*commencement*

ainsi que le nom neutre :

das Floß	→	die Flöße	*radeau*

3 Pluriel en -(e)n

On intercale un e lorsque les mots se terminent par -ei, -au ou par une consonne, sauf -el et -er. Sinon la terminaison est en -n. On double le n après -in.

Ceci s'applique à un grand nombre de féminins, un certain nombre de masculins et un petit nombre de neutres monosyllabiques. Aucun d'eux ne prend l'inflexion :

die Eitelkeit	→	die Eitelkeiten	*vanité*
die Hoffnung	→	die Hoffnungen	*espoir*
die Ärztin	→	die Ärztinnen	*docteur*
die Bäckerei	→	die Bäckereien	*boulangerie*
die Au	→	die Auen	*prairie*
die Bahn	→	die Bahnen	*chemin de fer*
die Straße	→	die Straßen	*rue*
die Schüssel	→	die Schüsseln	*jatte, plat*
die Feder	→	die Federn	*plume*
der Mensch	→	die Menschen	*homme, humain*
der Nerv	→	die Nerven	*nerf*
das Bett	→	die Betten	*lit*

4 Pluriel en -er

Ceci s'applique à un grand nombre de neutres, en particulier à des monosyllabes, aux noms se terminant par -tum et quelques masculins monosyllabiques. Tous prennent une inflexion lorsque cela est possible :

das Rad	→	die Räder	*roue*
das Land	→	die Länder	*pays*
das Lied	→	die Lieder	*chant*
das Gespenst	→	die Gespenster	*fantôme*
das Bistum	→	die Bistümer	*évêché*
der Reichtum	→	die Reichtümer	*richesse*
der Strauch	→	die Sträucher	*buisson*
der Geist	→	die Geister	*esprit*

5 Pluriel en -s

Ceci s'applique à beaucoup de noms étrangers, tout particulièrement aux mots anglais et français, à des noms se terminant par une seule voyelle (sauf -e), aux abréviations, aux noms propres et à certains termes techniques concernant le temps et la mer. Aucun ne prend l'inflexion :

das Team	→	die Teams	*équipe*
die City	→	die Citys	*centre-ville*
das Brikett	→	die Briketts	*briquette*
das Sofa	→	die Sofas	*canapé*
der Uhu	→	die Uhus	*grand duc*
ein Sozi	→	die Sozis	*socialiste*
der Pulli	→	die Pullis	*pullover*
der Lkw	→	die Lkws	*camion*
Frau/Herr Müller	→	die Müllers	*les Müller*
der Teint	→	die Teints	*teint*
das Tief	→	die Tiefs	*dépression*
das Deck	→	die Decks	*pont (bateau)*

6 Pluriels doubles

Certains noms ont deux formes au pluriel, suivant leur sens :

die Bank	→	die Bänke	*banc*
		die Banken	*banque*
der Bau	→	die Baue	*tanière*
		die Bauten	*bâtiment*
die Mutter	→	die Mütter	*mère*
		die Muttern	*écrou*
der Strauß	→	die Strauße	*autruche*
		die Sträuße	*bouquet*

Les noms qui ont un double genre, mentionnés page 44, ont en général un pluriel différent suivant chaque genre.

7 Singulier ou pluriel ?

Alors que presque tous les noms ont un singulier et un pluriel, certains ne s'emploient qu'au singulier et d'autres qu'au pluriel :

a) *Les noms employés uniquement au singulier*

i) noms de substances, de matières, de produits :

das Fleisch *la viande*	das Gummi *le caoutchouc*	die Milch *le lait*
die Butter *le beurre*	das Leder *le cuir*	der Schnee *la neige*

Remarque :

Un pluriel est possible en composant ces mots avec **-sorten** ou **-arten** :

verschiedene **Buttersorten** *différentes sortes de beurre*	zwei **Getreidearten** *deux sortes de grains*

On emploie parfois le singulier pour exprimer le pluriel :

zwei **Bier**, bitte
deux bières, s'il vous plaît

ii) beaucoup de collectifs :

das Vieh *le bétail*	die Bourgeoisie *la bourgeoisie*	die Polizei *la police*
das Gepäck *les bagages*	der Schmuck *les bijoux*	das Publikum *le public*

iii) beaucoup de noms abstraits :

der Fleiß *la diligence*	die Hitze *la chaleur*	der Aufbau *la construction*

Remarque :

Notez que certains de ces noms abstraits peuvent s'employer dans un sens particulier ou dans un sens général. Dans leur sens particulier, ils ont un pluriel :

der Spaß (*plaisir*) → pas de pluriel
der Spaß (*plaisanterie*) → **die Späße**

Remarquez également que les noms abstraits ont souvent une forme parallèle qui a un pluriel. Par exemple **der Rat** (*conseil*) n'a pas de pluriel, mais le pluriel de **der Ratschlag** (*conseil*) est **die Ratschläge**.

iv) noms de couleurs :

das Schwarz *le noir*	das Grün *le vert*	das Blau *le bleu*

v) les noms formés à partir d'adjectifs (voir pages 41-3) lorsqu'ils ne qualifient pas une personne, et les noms formés à partir d'un infinitif lorsqu'ils font référence à une activité et non à un objet :

das Beste (*la meilleure chose*) n'a pas de pluriel, mais **die Beste** (*la meilleure femme*) a le pluriel **die Besten**.

das Schreiben (*le fait d'écrire*) n'a pas de pluriel, mais **das Schreiben** (*la lettre*) a le pluriel **die Schreiben**.

b) *Les noms employés uniquement au pluriel*

i) certains noms géographiques :

die Niederlande
les Pays-Bas

ii) certains noms collectifs :

die Eltern *les parents*	die Leute *les gens*	die Ferien *les vacances*
die Kosten *le coût*	die Antiquitäten *les antiquités*	die Möbel *le mobilier*

On trouve aussi le singulier **der Elternteil** *le parent*.

C LES CAS

Il y a quatre cas en allemand : le **nominatif**, l'**accusatif**, le **datif** et le **génitif**. On les reconnaît grâce à des systèmes de terminaisons appelés déclinaisons, que l'on applique aux articles et aux adjectifs précédant le nom. Il existe aussi des déclinaisons pour les noms, comme nous le verrons ci-dessous.

Le but de ces cas est d'indiquer la relation entre les noms et les autres éléments de la phrase, soit la fonction des noms dans la phrase.

1 Le nominatif

a) Comme sujet des verbes :

der Mittelstürmer schießt
l'avant-centre tire

b) Après les verbes sein, werden, bleiben, heißen, sich betrachten als, sich nennen, et d'autres verbes dont le nom complément est considéré comme attribut du sujet :

er nennt sich mein Freund
il dit être mon ami

2 L'accusatif

a) Comme complément d'objet direct du verbe :

der Schiedsrichter gab einen Elfmeter
l'arbitre accorda un penalty

b) Après certaines prépositions (voir pages 189-202)

c) Dans certains compléments circonstanciels (en particulier les compléments circonstanciels de temps) :

er hat den ganzen Tag gelesen
il a lu toute la journée

d) L'accusatif absolu (usage littéraire) :

den Mantel um die Schultern, ging sie hinaus
le manteau sur les épaules, elle sortit

3 Le datif

a) Comme complément d'objet indirect :

er versprach seiner Frau die Treue
il a promis fidélité à sa femme

b) Comme complément de certains verbes (danken, helfen, folgen, gratulieren, etc.) :

er folgte dem Verbrecher
il a suivi le criminel

helfen Sie mir bitte
aidez-moi, s'il vous plaît

c) Après certaines prépositions (voir pages 185-9, 192-202 et 204)

d) Comme complément de certains adjectifs :

sie ist ihrer Mutter sehr ähnlich
elle ressemble beaucoup à sa mère

4 Le génitif

a) Pour exprimer la possession, l'appartenance :

das Büro seines Chefs
le bureau de son chef

die Reparatur des Wagens
la réparation de la voiture

b) Dans certains groupes adverbiaux :

meines Erachtens
à mon avis

eines Tages
un jour

c) Après certaines prépositions (voir pages 202-4)

d) Comme complément de certains adjectifs (bewusst, würdig, sicher, etc.) :

er ist sich seiner Verantwortung bewusst
il est conscient de sa responsabilité

D LA DÉCLINAISON DES NOMS

Tous les noms masculins et neutres se terminent par -(e)s au génitif singulier.

Certains noms masculins et neutres, pour la plupart monosyllabiques, peuvent avoir une terminaison en -e au datif singulier. Ceci n'est qu'une option et on en fait usage pour des raisons rythmiques. Il existe quelques expressions idiomatiques où le -e est nécessaire, par exemple im Grunde (*au fond*), mais dans la plupart des cas ce n'est pas une erreur de l'omettre : zu Haus ou zu Hause (*à la maison*).

Tous les noms ont une terminaison en -n au datif pluriel, sauf ceux qui ont un pluriel en -s.

1 Le masculin

	SINGULIER	PLURIEL	
nom.	der Vater	die Väter	*père*
acc.	den Vater	die Väter	
dat.	dem Vater	den Vätern	
gén.	des Vaters	der Väter	
nom.	der Tag	die Tage	*jour*
acc.	den Tag	die Tage	
dat.	dem Tag(e)	den Tagen	
gén.	des Tag(e)s	der Tage	

a) Un certain nombre de noms masculins ont une déclinaison faible et prennent la terminaison -(e)n à tous les cas, au singulier et au pluriel, sauf au nominatif singulier :

	SINGULIER	PLURIEL	
nom.	der Löwe	die Löwen	*lion*
acc.	den Löwen	die Löwen	
dat.	dem Löwen	den Löwen	
gén.	des Löwen	der Löwen	
nom.	der Christ	die Christen	*chrétien*
acc.	den Christen	die Christen	
dat.	dem Christen	den Christen	
gén.	des Christen	der Christen	
nom.	der Student	die Studenten	*étudiant*
acc.	den Studenten	die Studenten	
dat.	dem Studenten	den Studenten	
gén.	des Studenten	der Studenten	
nom.	der Herr	die Herren	*monsieur*
acc.	den Herrn	die Herren	
dat.	dem Herrn	den Herren	
gén.	des Herr(e)n	der Herren	

Les noms masculins qui ont des terminaisons en **-(e)n** au singulier sont :

i) des noms en **-e** désignant des hommes ou des animaux :

der Erbe *l'héritier*	der Zeuge *le témoin*	der Bulle *le taureau*

ii) un certain nombre de monosyllabes se terminant par une consonne et désignant des hommes ou des animaux :

der Bär *l'ours*	der Fürst *le prince*	der Held *le héros*
der Mensch *l'homme*	der Narr *le fou*	der Prinz *le prince*
ainsi que :	der Bauer *le fermier*	der Nachbar *le voisin*

iii) les mots dérivés de mots étrangers ayant une terminaison en **-ant**, **-and**, **-ent**, **-graph/-graf**, **-at**, **-et**, **-ist**, **-log**, **-nom**, etc. La plupart désignent des occupations :

der Astronom *l'astronome*	der Automat *l'automate*	der Athlet *l'athlète*
der Emigrant *l'émigré*	der Polizist *le policier*	der Bürokrat *le bureaucrate*
der Doktorand *l'étudiant en doctorat*	der Fotograf *le photographe*	der Geologe *le géologue*

b) Un petit nombre de masculins ont une terminaison en **-(e)n** au pluriel, à l'accusatif et au datif singulier, mais forment leur génitif singulier en ajoutant **-(e)ns**. **Das Herz** suit cette règle, sauf à l'accusatif singulier :

	SINGULIER	PLURIEL	
nom.	der Name	die Namen	*nom*
acc.	den Namen	die Namen	
dat.	dem Namen	den Namen	
gén.	des Namens	der Namen	
nom.	das Herz	die Herzen	*cœur*
acc.	das Herz	die Herzen	
dat.	dem Herzen	den Herzen	
gén.	des Herzens	der Herzen	

Der Buchstabe (*la lettre*) suit la même irrégularité que der Name.

c) Il existe un petit groupe de mots qui ont deux formes au nominatif, et qui prennent -ns au génitif singulier quelle que soit la forme au nominatif :

der Friede/Frieden *la paix*	der Funke/Funken *l'étincelle*
der Gedanke/Gedanken *la pensée*	der Glaube/Glauben *la croyance*
der Same/Samen *la graine*	der Wille/Willen *la volonté*

	SINGULIER	PLURIEL	
nom.	der Funke(n)	die Funken	*étincelle*
acc.	den Funken	die Funken	
dat.	dem Funken	den Funken	
gén.	des Funkens	der Funken	

2 Le féminin

	SINGULIER	PLURIEL	
nom.	die Frau	die Frauen	*femme*
acc.	die Frau	die Frauen	
dat.	der Frau	den Frauen	
gén.	der Frau	der Frauen	
nom.	die Nacht	die Nächte	*nuit*
acc.	die Nacht	die Nächte	
dat.	der Nacht	den Nächten	
gén.	der Nacht	der Nächte	

3 Le neutre

	SINGULIER	PLURIEL	
nom.	das Gebäude	die Gebäude	*bâtiment*
acc.	das Gebäude	die Gebäude	
dat.	dem Gebäude	den Gebäuden	
gén.	des Gebäudes	der Gebäude	

nom.	das Gras	die Gräser	*herbe*
acc.	das Gras	die Gräser	
dat.	dem Gras(e)	den Gräsern	
gén.	des Grases	der Gräser	

4 Remarques diverses sur les formes

a) *Génitif en* -s *ou* -es *?*

i) On ajoute -es à la fin des mots se terminant par -s, -ß, -x, -z, -sch :

der Krebs → des Krebses
le crabe

der Sitz → des Sitzes
le siège

der Kitsch → des Kitsches
le tape-à-l'œil, le kitsch

ii) On ajoute -es à la fin des mots se terminant par deux consonnes :

der Kopf → des Kopfes
la tête

das Hemd → des Hemdes
la chemise

(der) Gott → (des) Gottes
(le) Dieu

iii) On ajoute normalement -s aux mots se terminant par une syllabe non accentuée :

der Anfang → des Anfangs
le commencement

iv) On ajoute normalement -s aux mots se terminant par une voyelle ou une voyelle + h :

das Kino → des Kinos
le cinéma

der Schuh → des Schuhs
la chaussure

v) On ajoute un -s à la plupart des noms étrangers et des noms de couleurs :

das Rot → des Rots
le rouge

das Restaurant → des Restaurants
le restaurant

vi) Les noms étrangers en -as, -os, -us n'ont pas d'autre terminaison au génitif singulier :

der Mythos → des Mythos
le mythe

der Kommunismus → des Kommunismus
le communisme

b) *Les noms neutres se terminant par* -nis

Ces noms doublent le -s avant la terminaison du génitif :

das Bildnis → des Bildnisses
le portrait

5 Le génitif des noms propres et des titres

Il existe une forme de génitif où le complément du nom précède le nom auquel il fait référence et qui s'appelle **le génitif saxon** (similitude avec l'anglais). On emploie le génitif saxon pour indiquer l'appartenance à un nom propre. L'article défini disparaît et le nom propre prend la place de l'article avec une terminaison en -s :

Bachs Kantaten
les cantates de Bach

On trouve aussi la construction suivante :

die Kantaten Bachs
les cantates de Bach

a) Tous les noms propres prennent un -s au génitif, qu'ils soient masculins ou féminins :

Pauls Vater
le père de Paul

Monikas Freund
le petit ami de Monika

Frau Schmidts Geburtstag
l'anniversaire de Mme Schmidt

b) Pour les noms composés de plus d'un mot, on place le -s à la fin du dernier élément :

die Stücke Friedrich Dürrenmatts
Friedrich Dürrenmatts Stücke
les pièces de Friedrich Dürrenmatt

À l'exception de certains noms médiévaux :

die Werke Gottfrieds von Straßburg
les œuvres de Gottfried von Straßburg

c) Les noms se terminant par **-s**, **-ß**, **-x**, **-z** sont traités différemment. L'addition de **-ens** (**Fritzens** par exemple) était courante, mais elle est aujourd'hui désuète. On emploie parfois une apostrophe après le **-s** en allemand écrit (**Grass' Stücke** *les pièces de Grass*). Mais en général, on évite cet usage en employant **von** ou **des/der** :

der Einfluss von Marx
l'influence de Marx

die Reise des Kolumbus
le voyage de Christophe Colomb

d) On omet le **-s** du génitif lorsque le nom propre est précédé d'un article au génitif. Notez que cet usage s'emploie surtout pour les titres (livres, chansons, etc.) :

der aufhaltsame Aufstieg des Arturo Ui
la Résistible ascension d'Arturo Ui

e) Lorsque le nom propre est précédé d'un titre (président, P.D.-G., etc.), il prend un **-s** alors que le titre n'en prend pas :

die Politik Präsident Bushs
la politique du président Bush

Tante Friedas Schmuck
les bijoux de tante Frieda

f) Mais **Herr** se décline dans toutes ses formes :

Herrn Köpkes Angebot
l'offre de M. Köpke

Herrn Professor Winters Aufsatz
l'essai du professeur Winter

ein Brief an Herrn Doktor Weiß
une lettre au docteur Weiß

Notez que lorsqu'on écrit une lettre, on l'adresse à **Herrn X**. On ajoute parfois **an** devant, mais ce mot est toujours sous-entendu.

g) Après **statt**, **trotz**, **wegen**, les noms propres et les titres ne se déclinent pas :

trotz Peter
malgré Peter

wegen Direktor Braun
à cause du directeur Braun

h) Lorsqu'ils sont précédés d'un article, d'un adjectif démonstratif ou possessif, les noms propres et les titres ne se déclinent pas :

das Schwert des General Herder
l'épée du général Herder

i) Les titres placés après le nom propre sont toujours déclinés :

das Leben Peters des Großen
la vie de Pierre le Grand

3 LES ADJECTIFS

Les adjectifs sont des mots qui accompagnent généralement un nom ou un pronom :

ein kleines Dorf
un petit village

das neue Lied
la nouvelle chanson

meine Jacke ist rot
ma veste est rouge

es war fantastisch
c'était fantastique

Remarque :

Contrairement au français, l'adjectif épithète allemand se place toujours **devant** le nom qu'il qualifie :

ein roter Hut
un chapeau rouge

eine lange Geschichte
une histoire longue/une longue histoire

A ACCORD ET FORME

1 Emploi

Il existe une grande différence entre le français et l'allemand en ce qui concerne l'emploi de l'adjectif comme attribut (après "être" par exemple) ou comme épithète (avant ou après un nom ou un pronom).

ATTRIBUT		ÉPITHÈTE
ma voiture est vieille	et	*je conduis une vieille voiture*

Dans ces phrases, la forme de l'adjectif est identique. Mais en allemand, l'adjectif diffère selon sa fonction :

mein Wagen ist alt *ma voiture est vieille*	et	ich fahre einen alten Wagen *je conduis une vieille voiture*

Le mot alt apparaît sans terminaison dans la première phrase, et avec une terminaison dans la deuxième.

Remarque :

En allemand, l'adjectif **attribut** est toujours invariable :

seine Mutter ist ja so redselig
sa mère est tellement bavarde

sein Vater ist nicht besonders redselig
son père n'est pas particulièrement bavard

Mais l'adjectif **épithète**, qui se place toujours avant le nom qu'il qualifie, a différentes terminaisons selon le cas, le genre et le nombre. Vous trouverez ci-dessous les règles qui régissent leur emploi.

2 Terminaisons

La terminaison de l'adjectif épithète en allemand est déterminée par le nom qui le suit, selon trois facteurs :

a) son genre (masculin, féminin ou neutre)

b) son nombre (singulier ou pluriel)

c) son cas (nominatif, accusatif, datif, génitif.)

De plus, il existe des différences selon que l'adjectif suit :

a) un article défini (der, die, das)

b) un article indéfini (ein, eine)

ou bien :

c) s'il n'est pas précédé d'un article, d'un pronom ou d'un adjectif possessif.

Voir pages 61-7.

3 Participes employés comme adjectifs

a) Le participe présent (forme en -end) peut s'employer comme adjectif épithète :

ein weinendes Baby
un bébé qui pleure

bellende Hunde
des chiens qui aboient

das gerade vorbeifahrende Auto
la voiture qui passe en ce moment

b) Le participe passé peut s'employer comme épithète et comme attribut :

die verlorene Stadt
la ville perdue

das Geschirr ist abgewaschen
la vaisselle est lavée

wegen des noch tiefer gesunkenen Dollars
à cause du dollar qui a chuté

4 Exceptions

Certains adjectifs restent invariables, quel que soit le mot qui les précède et quel que soit le genre, le nombre ou le cas du nom qu'ils qualifient.

a) La forme de l'adjectif dérivé de noms de villes :

wer liest die Frankfurter Allgemeine?
qui lit le Frankfurter Allgemeine ?

wir treffen uns in einem Pariser Lokal
nous nous rencontrons dans un café parisien

Remarquez que ces adjectifs commencent par une majuscule.

b) Halb et ganz avec des villes, des pays et des continents, lorsqu'ils ne sont pas précédés de l'article :

in halb Hamburg
dans la moitié de Hambourg

ganz Frankreich
toute la France

mais : die ganze Schweiz
toute la Suisse

(Pour l'emploi de l'article, voir pages 18-20)

c) Rosa, lila et prima :

ein rosa/lila Kleid
une robe rose/lilas

eine prima Idee
une idée géniale

Les adjectifs en -el et -er perdent le e devant le l ou le r lorsqu'on les emploie comme épithètes :

dunkel *sombre*	→	ein dunkler Anzug *un costume sombre*
teuer *cher*	→	eine teure Kamera *un appareil photo cher*

5 Majuscule ou minuscule ?

Tous les adjectifs commencent par une minuscule sauf :

Les adjectifs en **-er** dérivés de noms de villes ou de provinces :

ein **Wiener** Komponist
un compositeur viennois

Ainsi que l'adjectif **Schweizer** :

Schweizer Käse
du fromage suisse

Ces adjectifs sont invariables (voir la section 4 ci-contre).

Tous les autres adjectifs formés à partir de noms de pays ou de continents commencent par une minuscule, comme en français.

B LA TERMINAISON DES ADJECTIFS

1 Après l'article défini (der, die, das)

	MASCULIN	FÉMININ	NEUTRE	PLURIEL
nom.	-e	-e	-e	-en
acc.	-en	-e	-e	-en
dat.	-en	-en	-en	-en
gén.	-en	-en	-en	-en

Exemples :

a) Nominatif :

der **alte** Mann wohnt hier (*masc. sing.*)
le vieil homme habite ici

die **neue** Rektorin heißt Ulrike (*fém. sing.*)
la nouvelle directrice s'appelle Ulrike

das **grüne** Kleid ist besonders schick (*neut. sing.*)
la robe verte est particulièrement chic

die **blauen** Fahrräder kosten mehr (*pluriel*)
les bicyclettes bleues coûtent plus cher

b) Accusatif :

haben Sie den **alten** Mann gesehen? (*masc. sing.*)
avez-vous vu le vieil homme ?

ich kenne die **neue** Rektorin schon (*fém. sing.*)
je connais déjà la nouvelle directrice

niemand hat das **grüne** Kleid gekauft (*neut. sing.*)
personne n'a acheté la robe verte

wo haben Sie die **blauen** Fahrräder gesehen? (*pluriel*)
où est-ce que vous avez vu les bicyclettes bleues ?

c) Datif :

die Nachbarn helfen dem **alten** Mann (*masc. sing.*)
les voisins aident le vieil homme

wir verstehen uns gut mit der **neuen** Rektorin (*fém. sing.*)
nous nous entendons bien avec la nouvelle directrice

im **grünen** Kleid sehen Sie gut aus (*neut. sing.*)
la robe verte vous va bien

mit den **blauen** Fahrrädern habe ich viel Erfolg (*pluriel*)
j'ai beaucoup de succès avec les bicyclettes bleues

d) Génitif :

das sind die Kinder des **alten** Mannes (*masc. sing.*)
ce sont les enfants du vieil homme

das Büro der **neuen** Rektorin liegt rechts (*fém. sing.*)
le bureau de la nouvelle directrice est sur la droite

der Preis des grünen Kleid(e)s ist zu hoch (*neut. sing.*)
le prix de la robe verte est trop élévé

der Hersteller der blauen Fahrräder (*pluriel*)
le fabricant des bicyclettes bleues

Remarque :

Les adjectifs précédés des mots suivants se déclinent comme s'ils étaient employés avec un article défini :

der-/die-/dasjenige	*le/la*
der-/die-/dasselbe	*le/la même*
dieser, diese, dieses	*ce/cette*
irgendwelche(r)	*n'importe quel(le)*
jeder, jede, jedes	*chaque*
jener, jene, jenes	*ce/cette...-là*
mancher, manche, manches	*plus d'un/d'une*
solcher, solche, solches	*tel(le)*
welcher?, welche?, welches?	*quel(le) ?*
alle (*pl.*)	*tous/toutes les*
beide (*pl.*)	*les deux*

2 Après l'article indéfini (ein, eine)

	MASCULIN	FÉMININ	NEUTRE
nom.	-er	-e	-es
acc.	-en	-e	-es
dat.	-en	-en	-en
gén.	-en	-en	-en

Exemples :

a) Nominatif :

ein deutscher Film läuft heute im Kino (*masc.*)
un film allemand passe au cinéma aujourd'hui

eine kleine Stadt liegt nicht weit von hier (*fém.*)
il y a une petite ville pas très loin d'ici

ein weißes Kaninchen wäre ein schönes Geschenk! (*neut.*)
un lapin blanc serait un beau cadeau !

b) Accusatif :

einen deutschen Film sieht man nicht oft (*masc.*)
on n'a pas souvent l'occasion de voir un film allemand

das braucht eine halbe Stunde (*fém.*)
il faut une demi-heure

hast du ein tragbares Radio? (*neut.*)
tu as une radio portable ?

c) Datif :

man unterhielt die Besucher mit einem deutschen Film (*masc.*)
on a diverti les visiteurs en leur montrant un film allemand

nach einer langen Pause (*fém.*)
après une longue pause

außer einem langweiligen Fußballspiel war nichts los (*neut.*)
à part un match de foot ennuyeux, il ne se passait pas grand-chose

d) Génitif :

der Titel eines deutschen Film(e)s (*masc.*)
le titre d'un film allemand

im Laufe einer schlaflosen Nacht (*fém.*)
au cours d'une nuit blanche

das Foto eines alten Pferd(e)s (*neut.*)
la photo d'un vieux cheval

Remarque :

Les adjectifs employés après les mots suivants prennent la même terminaison que ceux précédés d'un article indéfini, lorsqu'ils sont au singulier :

irgendein/-eine — *n'importe quel(le)*
kein, keine — *aucun(e), pas de*

Ainsi que tous les adjectifs possessifs : mein (*mon/ma*), Ihr (*votre*), etc.

Après kein et les adjectifs possessifs au pluriel, tous les adjectifs se terminent par -en, quel que soit leur cas (voir page 61).

3 Sans aucun article

En l'absence d'articles, l'adjectif porte les indications du genre, du nombre et du cas.

	MASCULIN	FÉMININ	NEUTRE	PLURIEL
nom.	-er	-e	-es	-e
acc.	-en	-e	-es	-e
dat.	-em	-er	-em	-en
gén.	-en	-er	-en	-er

Exemples :

a) Nominatif :

feiner Wein kostet viel (*masc. sing.*)
le bon vin coûte cher

französische Studentin sucht Arbeit (*fém. sing.*)
étudiante française cherche travail

frisches Brot schmeckt gut (*neut. sing.*)
le pain frais est bon

junge Leute sind besonders willkommen (*pluriel*)
les jeunes gens sont tout particulièrement les bienvenus

b) Accusatif :

er hat furchtbaren Hunger (*masc. sing.*)
il a une faim de loup

Polizei fängt wilde Katze (*fém. sing.*)
chat sauvage attrapé par la police

ich esse gern frisches Brot (*neut. sing.*)
j'aime bien manger du pain frais

sie hat wunderbare Augen (*pluriel*)
elle a des yeux magnifiques

c) Datif :

mit großem Erfolg (*masc. sing.*)
avec énormément de succès

aus guter Familie (*fém. sing.*)
de bonne famille

unter **lautem** Stöhnen (*neut. sing.*)
en ronchonnant

im Vergleich zu **japanischen** Managern (*pluriel*)
en comparaison avec les directeurs japonais

d) Génitif :

ein Glas **guten** Wein(e)s genügt (*ou* guter Wein) (*masc. sing.*)
un verre de bon vin suffit

französischer Herkunft (*fém. sing.*)
d'origine française

der Geschmack selbst **gebackenen** Brot(e)s (*neut. sing.*)
le goût du pain fait maison

der Genuss **alkoholischer** Getränke (*pluriel*)
la consommation de boissons alcoolisées

Remarques :

a) Les adjectifs employés avec les mots suivants ont la même déclinaison que ceux mentionnés ci-dessus :

- singulier seulement

ein bisschen	*un peu*
ein wenig	*un peu*
solch	*un tel/une telle*
viel	*beaucoup*
wenig	*peu*
welch	*quel(le)*

solch **würzigen** Käse habe ich noch nie gegessen!
je n'ai encore jamais mangé de fromage aussi fort !

unter viel **verdientem** Beifall verließ sie die Bühne
elle a quitté la scène sous des applaudissements bien mérités

- singulier et pluriel

mehr	*plus*
weniger	*moins*
was für + accusatif	*quelle sorte de*

mit mehr **finanzieller** Unterstützung
avec plus de soutien financier

mit weniger **regionalen** Zeitungen
avec moins de journaux régionaux

- pluriel seulement

einige	*quelques*
ein paar	*quelques*
einzelne	*individuel*
mehrere	*plusieurs*
viele	*beaucoup*
wenige	*peu de, quelques*

es gibt nur noch ein paar **schwierige** Fälle
il ne reste plus que quelques cas difficiles

trotz mehrerer **strenger** Warnungen
malgré plusieurs avertissements sévères

- nombres (**zwei**, **drei**, **vier**, etc.)

gegen den Rat zweier **meiner** Freunde
contre l'avis de deux de mes amis

b) Après **etwas**, **mehr**, **nichts**, **viel** et **wenig**, mais quand ils ne sont pas suivis d'un nom, les adjectifs s'écrivent avec une majuscule et se déclinent comme le nom neutre (voir page 42) :

nichts **Besonderes** ist heute passiert
rien de particulier ne s'est produit aujourd'hui

mais : nichts **anderes**
rien d'autre

wer hat (et)was **Interessantes** zu berichten?
qui a quelque chose d'intéressant à signaler ?

mais : etwas **anderes**
quelque chose d'autre

er hat in seinem Leben nicht viel **Gutes** getan
il n'a pas fait grand-chose de bon dans sa vie

c) Si deux adjectifs (ou plus) se suivent avant un nom, ils ont tous les deux la même terminaison :

die Fenster des **großen hellen** Zimmers
les fenêtres de la grande chambre claire

ein Kind mit **gutem artigem** Benehmen
un enfant bien élevé

C LES COMPARATIFS ET LES SUPERLATIFS

1 Comparatif d'égalité

Le comparatif d'égalité se forme en utilisant :

so + adjectif + wie
aussi + adjectif + *que*

ou :

ebenso/genauso/geradeso + adjectif + wie
aussi + adjectif + *que*

Par exemple :

er ist (eben)so groß wie ich
il est aussi grand que moi

2 Comparatif d'infériorité

Le comparatif d'infériorité se forme en utilisant :

nicht so + adjectif + wie
ne... pas aussi/moins + adjectif + *que*

Par exemple :

er ist nicht so groß wie sein Bruder
il n'est pas aussi/est moins grand que son frère

Il peut également se construire de la manière suivante :

kein + adjectif + nom + wie
nom + *ne... pas aussi/moins* + adjectif + *que*

Par exemple :

er hat keinen so schnellen Wagen wie Peter
sa voiture n'est pas aussi/est moins rapide que celle de Peter

Kein se décline suivant sa fonction dans la phrase et le groupe nominal auquel il se rapporte.

3 Comparatif et superlatif de supériorité

On forme le comparatif de supériorité en ajoutant -er à l'adjectif et le superlatif de supériorité en ajoutant -st ou -est :

	COMPARATIF	SUPERLATIF
klein *petit*	kleiner *plus petit*	(der) kleinst(e) *le plus petit*
intelligent *intelligent*	intelligenter *plus intelligent*	(der) intelligentest(e) *le plus intelligent*

En allemand, les comparatifs et les superlatifs se placent **devant** le nom :

das interessantere Buch (von den beiden)
le livre le plus intéressant (des deux)

das interessanteste Buch (von allen)
le livre le plus intéressant (de tous)

Vous noterez que l'allemand emploie la forme du comparatif lorsque l'on fait référence à deux personnes ou deux choses, et la forme du superlatif pour faire référence à plus de deux éléments.

Cependant, dans la langue parlée le superlatif s'emploie parfois dans les deux cas :

sie ist die schönere/die schönste von den beiden
c'est la plus belle des deux

4 Le comparatif des adjectifs

a) *Formation*

i) Comme les adjectifs qualificatifs dans leur forme la plus simple, les comparatifs ne sont déclinés que lorsqu'ils sont employés comme épithètes (suivant leur genre, leur nombre et leur cas). On ajoute ces déclinaisons après le -er du comparatif (voir section B). Comparez :

die Farbe muss heller sein (*attribut*)
la couleur doit être plus claire

wir möchten eine hellere Farbe (*épithète*)
nous voudrions une couleur plus claire

dieses Nilpferd ist dicker als das da (*attribut*)
cet hippopotame est plus gros que celui-là

ein noch dickeres Nilpferd (*épithète*)
un hippopotame encore plus gros

Remarque :

Les adjectifs en **-el** et **-er** perdent normalement le **e** devant le **l** ou le **r** lorsqu'ils sont au comparatif :

dieses Zimmer da ist dunkel aber dieses hier ist dunkler
cette pièce-là est sombre, mais celle-ci est plus sombre

ii) Certains adjectifs monosyllabiques prennent l'inflexion (¨) + **-er** au comparatif. Les plus courants sont :

alt	*vieux*	→	**älter**	*plus vieux*
arm	*pauvre*	→	**ärmer**	*plus pauvre*
dumm	*stupide*	→	**dümmer**	*plus stupide*
grob	*grossier*	→	**gröber**	*plus grossier*
groß	*grand*	→	**größer**	*plus grand*
hart	*dur*	→	**härter**	*plus dur*
jung	*jeune*	→	**jünger**	*plus jeune*
kalt	*froid*	→	**kälter**	*plus froid*
klug	*intelligent*	→	**klüger**	*plus intelligent*
krank	*malade*	→	**kränker**	*plus malade*
kurz	*court*	→	**kürzer**	*plus court*
lang	*long*	→	**länger**	*plus long*
nah	*proche*	→	**näher**	*plus proche*
scharf	*perçant, aigu*	→	**schärfer**	*plus perçant/aigu*
schwach	*faible*	→	**schwächer**	*plus faible*
schwarz	*noir*	→	**schwärzer**	*plus noir*
stark	*fort*	→	**stärker**	*plus fort*
warm	*chaud*	→	**wärmer**	*plus chaud*

ich brauche einen **jüngeren** Mann!
j'ai besoin d'un homme plus jeune !

mein Bericht war lang, aber deiner war **länger**
mon rapport était long, mais le tien était plus long

iii) Il existe quelques comparatifs irréguliers. Par exemple :

gut	*bon*	→	**besser**	*meilleur*
hoch	*haut, grand*	→	**höher**	*plus haut/grand*
viel	*beaucoup de*	→	**mehr**	*plus de*

b) *Emploi*

i) En plus de l'emploi du comparatif comme épithète et comme attribut :

ich kenne einen kürzeren Weg (*épithète*)
je connais un chemin plus court

der Eiffelturm ist höher (*attribut*)
la tour Eiffel est plus haute

on peut faire une comparaison explicite entre deux éléments en ajoutant als :

sie bekommt ein höheres Stipendium **als** ich
elle reçoit une bourse plus importante que moi

ihre Bibliothek ist älter **als** unsere
leur bibliothèque est plus vieille que la nôtre

ii) Notez cependant l'expression figée denn je :

besser denn je
mieux que jamais

weißer denn je
plus blanc que jamais

iii) Notez aussi la construction je + comparatif, desto/umso + comparatif :

je eher, desto besser
le plus tôt sera le mieux

je höher der Preis (ist), umso größer (sind) die Schwierigkeiten
plus le prix est élevé, plus les difficultés sont grandes

iv) On peut employer le comparatif avec un petit nombre d'adjectifs, sans qu'ils aient le sens d'un comparatif :

eine ältere Dame
une femme d'un certain âge

auf längere Zeit
pendant un certain temps

das reifere Alter
l'âge mûr

5 Le superlatif des adjectifs

a) *Formation*

i) En allemand, le superlatif se forme de la manière suivante : article défini (der/die/das) suivi de l'adjectif + le suffixe -(e)st + la terminaison de l'adjectif.

ii) Le superlatif se décline lorsqu'il est employé comme épithète et comme attribut. (Comparez la forme de base de l'adjectif et du comparatif, qui ne sont déclinés que lorsqu'ils sont employés comme épithètes.)

iii) Lorsqu'il est employé comme épithète, la terminaison placée après le suffixe -(e)st est la même que celle de la section B1 :

die **berühmteste** Philosphin ihrer Generation
la philosophe la plus célèbre de sa génération

mit dem **kostbarsten** Ring der Welt
avec la bague la plus chère du monde

Remarque :

On conserve le **e** de la terminaison des adjectifs en **-el** et **-er** au superlatif :

das dunk**e**lste Zimmer von allen
la pièce la plus sombre de toutes

iv) Les adjectifs monosyllabiques courants qui prennent l'inflexion au comparatif (voir page 70), la prennent aussi au superlatif :

der **älterste** Präsident der USA
le plus vieux président des États-Unis

v) Notez la forme irrégulière de certains adjectifs au superlatif :

gut	*bon*	→	(der/die/das) **best-**, etc. *le meilleur*
hoch	*haut, grand*	→	(der/die/das) **höchst-**, etc. *le plus haut/grand*
nah	*proche*	→	(der/die/das) **nächst-**, etc. *le plus proche/le prochain*
viel*	*beaucoup de*	→	(der/die/das) **meist-**, etc. *le plus de*

***viel** peut, dans une phrase, jouer également le rôle d'adverbe (voir page 78).

vi) On peut aussi former le superlatif des adjectifs de la manière suivante : **am** + adjectif + **-(e)sten** :

billig	*bon marché*	→	**am billigsten** *(le) meilleur marché*

Cette construction ne peut s'employer qu'avec des adjectifs attributs ou après un verbe :

dieser hier ist **am billigsten**
celui-ci est le moins cher

b) *Emploi*

i) Le complément de l'adjectif au superlatif s'exprime par l'emploi d'un génitif ou de **von** :

das schlechteste Wetter des Sommers
le pire temps de l'été

wer ist die mutigste von euch?
qui est la plus courageuse parmi vous ?

Dans ces exemples, **des Sommers** et **von euch** sont les compléments du superlatif.

ii) Si le superlatif est suivi d'un complément, on emploie le plus souvent l'adjectif avec l'article défini. S'il n'est pas accompagné d'un complément, on peut employer la forme avec l'article défini ou bien la forme avec **am** :

diese Eier sind **die** billigsten/sind **am** billigsten
ces œufs sont les moins chers

Il n'y a qu'une possibilité avec **best** :

er ist einfach **der** beste
il est tout simplement le meilleur

iii) Un petit nombre d'adjectifs peuvent s'employer au superlatif sans pour autant exprimer une comparaison :

es ist **höchste** Zeit
il est grand temps

im **äußersten** Fall kostet es zwei Euro
ça coûtera tout au plus deux euros

iv) Pour traduire "du/de la/des" dans des expressions comme "le plus grand du monde", etc., on emploie soit **in**, soit le génitif :

die größte Stadt Deutschlands/in Deutschland
la plus grande ville d'Allemagne

v) Vous noterez aussi les constructions suivantes au superlatif :

der **meist**gesungene Schlager
le tube le plus chanté

der **meist**genannte Autor
l'auteur le plus souvent mentionné

ainsi que l'expression **bestgehasst** comme dans :

der **best**gehasste Politiker
le politicien le plus haï

4 Les adverbes

En allemand, il existe, comme en français, des adverbes employés en tant que tels, d'autres formés à partir de l'adjectif, et un grand nombre qui, à la différence du français, ont la même forme que l'adjectif ou que le participe.

A Formation

1 Les adverbes en tant que tels

Parmi ceux-ci, on trouve par exemple :

da	*là*
sehr	*beaucoup, très*
geradeaus	*tout droit*
jetzt	*maintenant*

da sind sie!
les voilà !

sehr nett
très gentil

nur geradeaus!
allez tout droit !

jetzt nicht!
pas maintenant !

2 Les adverbes ayant la même forme que les adjectifs

Parmi les nombreux adjectifs et adverbes qui ont la même forme, on peut citer :

ADJECTIF	ADVERBE
schön *beau/belle*	schön *bien*
furchtbar *terrible*	furchtbar *terriblement*

sie ist schön, und sie singt auch schön
elle est belle, et elle chante bien aussi

er hat furchtbar gespielt
il a terriblement mal joué

es war wirklich furchtbar, nicht?
c'était vraiment terrible, n'est-ce pas ?

3 Les adverbes se formant à partir du participe

übertrieben höflich
excessivement poli

sie spricht zögernd
elle parle de façon hésitante

4 Les adverbes formés en ajoutant un suffixe à un nom ou à un adjectif :

a) -lich

ADJECTIF	ADVERBE
neu *nouveau, récent*	neulich *récemment*
kurz *court*	kürzlich *récemment*

kürzlich bekamen sie einen Computer
ils ont récemment acquis un ordinateur

Ce groupe d'adverbes est toutefois assez restreint.

b) -mal(s)

ADJECTIF OU ADJECTIF NUMÉRAL	ADVERBE
manch- *plus d'un*	manchmal *parfois*
ein- *un*	einmal *une fois*
mehr- *plusieurs*	mehrmals *plusieurs fois*

er hat nur einmal geklopft
il n'a frappé qu'une seule fois

c) -ermaßen

ADJECTIF	ADVERBE
einig- *quelque*	einigermaßen *plutôt*
folgend- *suivant*	folgendermaßen *comme suit*

ich war einigermaßen überrascht
j'étais plutôt surpris

d) **-s**

NOM	ADVERBE
(der) Mittag *midi*	**mittags** *à midi*
(der) Freitag *vendredi*	**freitags** *le vendredi*

mittags isst er in der Kantine
il mange à la cantine à midi

e) **-(er)weise**

On ajoute **-weise** à la fin de certains noms, **-erweise** à la fin de certains adjectifs :

NOM OU ADJECTIF	ADVERBE
(der) Teil *partie*	**teilweise** *en partie*
glücklich *heureux*	**glücklicherweise** *heureusement*

nach dem Brand war die Scheune nur **teilweise** zerstört
après l'incendie, la grange n'était que partiellement détruite

die Kartoffeln werden **sackweise** geliefert
les pommes de terre sont livrées par sacs

begreiflicherweise war sie böse auf ihn
c'était tout à fait normal qu'elle soit fâchée avec lui

sie hat uns **freundlicherweise** ihr Auto geliehen
elle nous a gentiment prêté sa voiture

B EMPLOI

Les adverbes sont souvent employés pour qualifier un verbe, mais aussi pour donner une information supplémentaire sur des adjectifs ou d'autres adverbes :

1 Avec un verbe

morgen schreibt er
il écrira demain

er fährt **schnell**
il conduit vite

verlassen Sie uns **hier**?
vous nous laissez ici ?

2 Avec un adjectif

das ist **fast** einmalig
c'est presque unique

ein **sehr** langweiliges Buch
un livre très ennuyeux

es war **schrecklich** kalt
il faisait horriblement froid

3 Avec un autre adverbe

ich koche **ebenso** gut
je cuisine tout aussi bien

atme **schön** tief!
respire bien profondément !

er spricht **erstaunlich** gut Deutsch
il parle incroyablement bien l'allemand

4 Hin et her

En ce qui concerne les adverbes de lieu, on distingue en allemand :

wo? → lieu où l'on est

wohin? → mouvement d'éloignement par rapport à celui qui parle, employé avec un verbe de mouvement

woher? → lieu d'où l'on vient ou mouvement vers celui qui parle

De même, on ajoute le suffixe **hin** ou **her** aux adverbes de lieu pour indiquer la direction ou la provenance :

wo arbeiten Sie? *où travaillez-vous ?*	mais :	**wohin** gehen Sie? *où allez-vous ?*
sie saß **da/dort** *elle y était assise*	mais :	er lief **dahin/dorthin** *il y a couru*
wir wohnen **hier** *nous habitons ici*	mais :	sie fährt **hierher** *elle vient ici*
wo wartet er? *où est-ce qu'il attend ?*	mais :	**woher** kommt er? *d'où vient-il ?*

Parmi les adverbes exprimant une direction opposée par rapport au locuteur, on trouve : **dahin/dorthin** (*là*), **hinauf** (*en haut, vers le haut*), **hinaus** (*dehors*), **hinunter** (*en bas*), etc.

Parmi les adverbes exprimant une direction vers le locuteur, on trouve : **daher/dorther** (*là*), **herauf** (*en haut, vers le haut*), **heraus** (*dehors*), **herunter** (*en bas*), **herein** (*dedans*). Voir aussi pages 238-9.

Remarque :

Dans la conversation, les suffixes **hin** et **her** sont renvoyés en fin de phrase :

da gehen wir nie **hin**!
on n'y va jamais !

wo kommen Sie **her**?
d'où venez-vous ?

5 Wohl et gut

Ils se traduisent tous les deux par "bien" en français. Cependant, **gut** signifie "convenablement" et s'emploie de préférence avec des verbes exprimant une action, une aptitude ou une qualité physique :

sie tanzt gut
elle danse bien

er spricht gut Deutsch
il parle bien l'allemand

es geht mir ganz gut
je vais très bien

L'adverbe **wohl** a le sens de "à l'aise", "comme il faut". On l'emploie avec des verbes indiquant la santé ou une action moralement bonne :

bei Ihnen fühlt man sich wohl
on se sent bien chez vous

mir ist überhaupt nicht ganz wohl dabei
ceci ne me dit absolument rien de bon

Wohl peut aussi signifier "vraiment", "probablement" :

sie wird wohl telefonieren
elle va probablement téléphoner

das weiß ich wohl
je le sais bien

6 Viel et sehr

Ils se traduisent tous les deux par "beaucoup". L'adverbe **viel** indique une quantité :

es hat viel geregnet
il a beaucoup plu

Devant un comparatif, il signifie "bien" :

es ist viel besser mit Schlagsahne
c'est bien meilleur avec de la crème fouettée

Viel zu viel signifie "beaucoup trop" :

du arbeitest viel zu viel
tu travailles beaucoup trop

L'adverbe **sehr** indique l'intensité :

sie liebt ihn sehr
elle l'aime beaucoup

danke sehr
merci beaucoup

7 Genug et ziemlich

Genug et **ziemlich** se traduisent tous les deux par "assez". L'adverbe **genug** signifie "suffisamment". Il se place généralement après l'adjectif ou l'adverbe et devant ou après le nom :

ist er intelligent genug, um das alleine zu lösen?
est-il assez intelligent pour résoudre ceci tout seul ?

sie singt gut genug, um an diesem Konzert teilzunehmen
elle chante assez bien pour participer à ce concert

wir haben genug Zeit/Zeit genug
on a assez de temps

L'adverbe **ziemlich** signifie "assez" dans le sens de "passablement" :

sie trägt ziemlich alte Kleider
elle porte des vêtements assez vieux

es ist ziemlich interessant
c'est assez intéressant

8 Noch, immer et wieder

L'adverbe **noch** signifie "encore", "de reste" :

hast du noch Geld?
tu as encore de l'argent ?

es bleiben uns noch drei Tage (übrig)
il nous reste encore trois jours

Il peut être accompagné d'autres éléments : **noch immer/immer noch** (*toujours* = encore) :

sie ist noch immer/immer noch böse
elle est encore/toujours fâchée

Il ne faut pas confondre cette locution avec **immer** (*toujours* = tout le temps) :

sie ist immer böse
elle est toujours fâchée

L'adverbe **wieder** signifie "encore", "de nouveau" :

es ist wieder kaputtgegangen
il est encore une fois en panne

C L'ORDRE DES MOTS

1 Avec un adjectif ou un autre adverbe

Les adverbes se placent immédiatement devant l'adverbe ou l'adjectif qu'ils modifient (sauf **genug**, voir page 79)

sehr gut
très bien

ganz hoch
assez haut/grand

immer länger
de plus en plus long

äußerst dünn
extrêmement mince

viel mehr
bien plus

weiter rechts
plus loin à droite

2 Avec un verbe

a) Dans les phrases affirmatives, l'adverbe se place normalement à la fin de la proposition, mais toujours devant le participe passé, l'infinitif, la particule séparable, et, dans des propositions subordonnées, devant le verbe conjugué :

Herr Braun liest nicht **oft**
M. Braun ne lit pas souvent

sie hat **neulich** geschrieben
elle a écrit récemment

Sie können mich **direkt** anrufen
vous pouvez m'appeler directement

ich gebe es **sofort** auf
j'abandonne tout de suite

er hat mich gefragt, ob ich das **schneller** machen könnte
il m'a demandé si je pouvais faire ça plus vite

Remarque :

Les adverbes de temps se placent souvent devant un nom à l'accusatif :

wir haben **heute** unsere Weihnachtskarten geschrieben
nous avons écrit nos cartes de Noël aujourd'hui

b) Dans les phrases interrogatives, l'ordre du sujet et du verbe conjugué est inversé, mais la place normale de l'adverbe reste la même que celle mentionnée en a) ci-dessus :

liest Herr Braun **oft**?
est-ce que M. Braun lit souvent ?

hat sie **neulich** geschrieben?
a-t-elle écrit récemment ?

Il en est de même au discours indirect :

er hat gefragt, ob sie neulich geschrieben hat
il a demandé si elle avait écrit récemment

c) Pour un ordre, l'adverbe se place normalement après Sie et wir, ou juste après le verbe (dans le cas de la forme du et ihr à l'impératif) :

bleiben Sie da!
restez là !

gehen wir morgen baden!
allons nager demain !

fahr langsamer!
conduis plus lentement !

esst schnell euer Frühstück!
prenez vite votre petit déjeuner !

3 L'ordre des adverbes

a) Lorsque deux adverbes ou plus (ou locutions adverbiales) apparaissent dans la même phrase, ils sont ordonnés de la façon suivante : **TEMPS – MANIÈRE – LIEU**

ich bleibe oft alleine zu Hause
je reste souvent tout seul à la maison

wer fährt diesen Sommer per Anhalter ins Ausland?
qui va faire de l'auto-stop à l'étranger cet été ?

Si une cause ou une raison est introduite, elle se place en général après une expression de temps :

er ist gestern aus Langeweile plötzlich nach Berlin abgereist
il est parti tout à coup hier pour Berlin parce qu'il s'ennuyait

Quand il y a deux expressions de temps, la plus générale se place en premier :

sie kommen morgen um 5 Uhr an
ils arrivent demain à 5 heures

b) Si plusieurs adverbes ou locutions adverbiales sont présents, il est courant d'en placer un(e) en tête de phrase, pour des raisons stylistiques ou pour insister. Comparez les exemples suivants :

letzten Montag hat sie ihn aus Eifersucht mit einem Hammer in ihrem Schlafzimmer getötet
lundi dernier, elle l'a tué par jalousie dans sa chambre avec un marteau

aus Eifersucht hat sie ihn letzten Montag mit einem Hammer in ihrem Schlafzimmer getötet
c'est par jalousie qu'elle l'a tué, lundi dernier, dans sa chambre avec un marteau

D LES COMPARATIFS ET LES SUPERLATIFS

1 Les comparatifs

a) Le comparatif des adverbes, comme celui des adjectifs, se forme en ajoutant **-er**. Ceci ne s'applique qu'aux adverbes ayant la même forme que les adjectifs :

ADVERBE	COMPARATIF DE L'ADVERBE
einfach *simplement*	einfach**er** *plus simplement*
selten *rarement*	selten**er** *plus rarement*

könnten Sie das bitte etwas einfacher ausdrücken?
pourriez-vous l'exprimer un peu plus simplement, s'il vous plaît ?

heutzutage kommt das seltener vor
de nos jours, cela se produit plus rarement

Remarque :

Le comparatif de **gern** est **lieber** :

ich trinke gern Cola, aber ich trinke **lieber** Tee
j'aime bien boire du Coca®, mais je préfère le thé

Pour les autres formes irrégulières, voir page 70.

b) Comparatif d'égalité :

Il se forme sur le même modèle que celui de l'adjectif (voir page 68).

c) Comparatif d'infériorité :

Il se construit de la manière suivante :

nicht so + adverbe + **wie**
ne... pas aussi/moins + adverbe + *que*

sie liest nicht so schnell wie Brigitte
elle ne lit pas aussi/lit moins vite que Brigitte

d) Comparatif de supériorité :

Il se forme sur le même modèle que celui de l'adjectif (voir pages 68-9). "Que" se traduit par **als** :

er wächst schneller als sie
il grandit plus vite qu'elle

e) "De plus en plus" se traduit par **immer** + comparatif :

das Auto fuhr **immer schneller**
la voiture allait de plus en plus vite

f) "Encore plus... que" et "d'autant plus... que" se traduisent par **noch** et **umso** :

jetzt besuchen sie uns noch häufiger als im Vorjahr
ils nous rendent visite encore plus fréquemment que l'année dernière

nach einer Pause werden wir umso besser arbeiten können
nous travaillerons d'autant mieux si nous nous reposons

2 Les superlatifs

Le superlatif des adverbes se forme de la façon suivante : **am** + adverbe + terminaison en **-(e)sten**. Cette construction ne s'applique que dans le cas d'adverbes ayant la même forme que les adjectifs :

ADVERBE	SUPERLATIF DE L'ADVERBE
blöd *stupidement*	**am blödsten** *le plus stupidement*
selten *rarement*	**am seltensten** *le plus rarement*
elegant *élégamment*	**am elegantesten** *le plus élégamment*

von allen hat sie sich am blödsten benommen
c'est elle qui s'est conduit le plus stupidement de tous

Remarque :

Le superlatif de **gern** est **am liebsten** :

ich reite gern, fahre aber **am liebsten** Rad
j'aime faire de l'équitation, mais je préfère le vélo

5 LES PRONOMS

Les pronoms sont des mots qui remplacent les noms. On distingue les pronoms personnels, réfléchis, indéfinis, relatifs et interrogatifs.

A LES PRONOMS PERSONNELS

1 Formes

	NOMINATIF	ACCUSATIF	DATIF	GÉNITIF
je	ich	mich	mir	meiner
tu	du	dich	dir	deiner
il	er	ihn	ihm	seiner
elle	sie	sie	ihr	ihrer
il/elle	es	es	ihm	seiner
nous	wir	uns	uns	unser
*vous**	ihr	euch	euch	euer
*vous***	Sie	Sie	Ihnen	Ihrer
ils/elles	sie	sie	ihnen	ihrer

*deuxième personne du pluriel
**forme de politesse

Sie est la forme de politesse allemande correspondant à la forme de politesse “vous” en français. On emploie donc **Sie** au singulier lorsque l’on s’adresse à une seule personne (Frau Schmidt, möchten Sie Tee trinken? *Madame Schmidt, voulez-vous boire du thé ?*) et au pluriel lorsque l’on s’adresse à plusieurs personnes (liebe Gäste, nehmen Sie Platz! *chers invités, asseyez-vous !*). Il ne faut pas confondre **Sie** et **sie** (*ils/elles*) qui sont tous les deux suivis de la même forme du verbe.

Ihr est la forme familière de la deuxième personne du pluriel. C’est donc le pluriel de **du**. On l’emploie lorsque l’on s’adresse à un groupe de personnes que l’on connaît bien (même si l’on s’adressait individuellement à certains d’entre eux que l’on connaît moins avec la forme de politesse **Sie**).

habt **ihr** die Hausaufgaben?
est-ce que vous avez vos devoirs ?

sind **Sie** schon zu Hause?
vous êtes déjà chez vous ?

2 L'emploi des cas

a) *Le nominatif*

Le nominatif est le cas du sujet des verbes.

ich sehe
je vois

kannst du kommen?
peux-tu venir ?

ich bin es
c'est moi

das sind wir
c'est nous

b) *L'accusatif*

L'accusatif est le cas du complément d'objet direct. On l'emploie aussi après certaines prépositions (voir aussi pages 189-202) :

ich mag ihn
je l'aime bien

ein Brief an dich
une lettre pour toi

c) *Le datif*

Le datif est le cas du complément d'objet indirect. On l'emploie aussi après certaines prépositions (voir aussi pages 185-9, 192-202 et 204) :

ich gebe es dir
je te le donne

nach Ihnen
après vous

d) *Le génitif*

Le génitif des pronoms est rarement employé. On l'utilise seulement avec un petit nombre de verbes, de prépositions (voir aussi pages 202-4) ainsi qu'avec des adjectifs régis par le génitif :

erinnerst du dich meiner?
tu te souviens de moi ?

er war ihrer satt
il était fatigué d'elle

trotz seiner
malgré lui

3 Particularités d'emploi

Les formes du français "moi, je...", "toi, tu...", "c'est moi qui ...", etc. n'ont pas d'équivalents directs en allemand. Elles se traduisent simplement par l'accentuation du pronom personnel :

ich denke, dass er recht hat
moi, je pense qu'il a raison

sie hat es gesagt
c'est elle qui l'a dit

von *ihm* habe ich das bekommen
c'est lui qui me l'a donné

4 Le genre

Le pronom a le même genre que le nom qu'il remplace :

wirf **den Stuhl** weg, **er** ist alt
jette cette chaise, elle est vieille

diese Tasche ist billig, kauf **sie** doch!
ce sac n'est pas cher, vas-y, achète-le !

Lorsqu'un nom faisant référence à une personne n'a pas de genre "naturel", le genre du pronom est le même que le genre "grammatical" du nom :

und **das Kind**? – **es** kommt mit
et l'enfant ? – il/elle vient avec nous

Mais le pronom personnel de **das Mädchen** est **es** ou **sie** ; on emploie ce dernier pour désigner une jeune fille par opposition à une petite fille :

das Mädchen, das dort tanzt, kennst du **sie**?
tu connais cette fille qui danse là-bas ?

Vous noterez, dans ce dernier exemple, que le pronom relatif est neutre mais que l'adjectif possessif est **sein** ou **ihr** :

das Mädchen spielte mit **seiner** Puppe
la petite fille jouait avec sa poupée

das Mädchen hatte **ihre** Handtasche verloren
la jeune fille avait perdu son sac

5 Emplois particuliers de es

a) **Es** explétif :

Il occupe la première place et disparaît quand un autre membre de la phrase précède le verbe. On emploie **es** comme sujet d'un verbe lorsque le nom qui est en fait le sujet réel est placé après le verbe. Le verbe s'accorde alors avec le sujet réel. On peut parfois traduire cette structure par "il y a" en français :

es stand ein Mann vor dem Haus/ein Mann stand vor dem Haus
un homme se tenait devant la maison/il y avait un homme devant la maison

es tanzten viele Kinder
beaucoup d'enfants dansaient/il y avait beaucoup d'enfants qui dansaient

es ist mir kalt/mir ist kalt
j'ai froid

Remarque :

Employé avec un nom, **es** se place devant le verbe, mais avec un pronom, l'ordre est le suivant : pronom + verbe + **es** :

ach, ihr seid'**s**
ah, c'est vous

ich bin **es**
c'est moi

b) **Es** s'emploie comme complément d'objet direct de verbes comme **sagen**, **tun**, **wissen**, **übel nehmen**, **leicht haben**, etc. :

du hast **es** gesagt
tu l'as dit

ich hoffe, **es** zu tun
j'espère le faire

ich weiß **es**
je (le) sais

du nimmst **es** mir übel
tu m'en veux

c) **Es** s'emploie après le verbe **sein** quand il fait référence à un adjectif de la proposition précédente :

dieser soll besser sein; meinst du, dass er **es** ist?
celui-ci doit être meilleur, tu ne crois pas ?

d) **Es** sert très souvent à annoncer une proposition introduite par **dass**, ou bien **zu** + infinitif. Mais il disparaît quand le groupe occupe la première place dans la phrase. **Es** n'a pas d'équivalent en français :

ich liebe **es**, alte Filme zu sehen/**alte Filme zu sehen**, liebe ich
j'aime bien regarder des vieux films

ich kann **es** nicht verstehen, dass er das vergessen hat/**dass er das vergessen hat**, kann ich nicht verstehen
je n'arrive pas à comprendre qu'il l'ait oublié

Voir aussi l'emploi des verbes impersonnels pages 154-7.

6 L'emploi des pronoms de la troisième personne avec des prépositions

Après la plupart des prépositions, les pronoms de la troisième personne (er, sie, es) s'emploient normalement pour faire référence à des personnes :

für sie
pour elle

neben ihm
à côté de lui

Pour une préposition + pronom faisant référence à un **objet** ou une **idée**, on emploie da(r) + préposition :

damit
avec ça

dagegen
contre ça

Comparez avec :

mit ihm/ihr
avec lui/elle

gegen ihn/sie
contre lui/elle

On ajoute un -r- lorsque la préposition commence par une voyelle (daran, darauf, daraus, darin, darum, etc.) :

darin sind wir uns einig
nous sommes d'accord là-dessus

ich erinnere mich daran
je m'en souviens

La construction avec da(r)- ne s'emploie pas avec les prépositions suivantes :

außer *sauf*	bis *jusqu'à*	gegenüber *en face de*
ohne *sans*	seit *depuis*	wider *contre*

ni avec celles suivies d'un génitif :

außerhalb *à l'extérieur de*	innerhalb *à l'intérieur de*	trotz *malgré*
während *pendant*	wegen *à cause de*	

Pour l'emploi de l'article défini à la place du pronom personnel, voir page 23.

B LES PRONOMS RÉFLÉCHIS

Le pronom réfléchi s'emploie normalement à l'accusatif ou au datif.

PERSONNE	ACCUSATIF	DATIF
ich	mich	mir
du	dich	dir
er	sich	sich
sie	sich	sich
es	sich	sich
wir	uns	uns
ihr	euch	euch
Sie	sich	sich
sie	sich	sich

Vous noterez que le pronom réfléchi de la forme de politesse est le seul parmi tous les pronoms de la forme de politesse à ne pas commencer par une majuscule.

Il existe un génitif ayant exactement les mêmes formes que le génitif du pronom personnel. On l'emploie avec certains adjectifs, en général accompagnés de selbst :

sie ist ihrer selbst nicht sicher
elle n'est pas très sûre d'elle

Pour l'emploi du pronom réfléchi, voir pages 157-160.

C LES PRONOMS INDÉFINIS

Les pronoms indéfinis remplacent des noms sans donner d'indications sur ces derniers.

1 Man (on)

nom.	man
acc.	einen
dat.	einem
gén.	–
forme réfléchie	sich
forme possessive	sein

heute trägt man wieder Hosenträger
on porte à nouveau des bretelles aujourd'hui

man sollte nie sagen, was einem gerade einfällt
il ne faudrait jamais dire ce qui vous vient à l'esprit

2 Jemand (quelqu'un), niemand (personne)

nom.	jemand	niemand
acc.	jemand(en)	niemand(en)
dat.	jemand(em)	niemand(em)
gén.	jemandes	niemandes

Les terminaisons à l'accusatif et au datif sont souvent omises dans la langue parlée et peuvent aussi l'être à l'écrit :

ich habe niemand(en) gesehen
je n'ai vu personne

Le pronom réfléchi de jemand et niemand est sich ; l'adjectif possessif correspondant est sein :

niemand hatte sein Handy dabei
personne n'avait son portable avec lui

wenn jemand sich beschwert
si quelqu'un se plaint

a) Jemand et niemand peuvent s'employer avec sonst (placé avant) ou anders (placé après). Ils signifient alors "quelqu'un/personne d'autre" :

möchte sonst jemand es probieren?
quelqu'un d'autre voudrait l'essayer ?

niemand anders als sein Bruder
personne d'autre que son frère

b) Jemand peut avoir un sens plus vague lorsqu'on l'emploie avec irgend. Il a le sens de "quelqu'un", "n'importe qui" :

irgendjemand muss es verloren haben
quelqu'un a dû le perdre

komm mit irgendjemand(em)
viens avec qui tu veux

c) Jemand et niemand peuvent être accompagnés d'adjectifs substantivés dans des expressions du type "quelqu'un d'intéressant", "quelqu'un de célèbre". Bien que l'adjectif puisse avoir la terminaison -en à l'accusatif, les formes les plus courantes sont les suivantes :

nom.	jemand Interessantes
acc.	jemand Interessantes
dat.	jemand Interessantem

Évitez le génitif en utilisant : von jemand Interessantem.

3 Meinesgleichen (les gens comme moi)

Meinesgleichen est invariable :

sie redet nicht mit meinesgleichen
elle ne parle pas aux gens comme moi

Cependant, la forme varie selon les personnes (**deinesgleichen**, **seinesgleichen**, **unseresgleichen**, **euresgleichen**, **Ihresgleichen**, **ihresgleichen**) :

er redet nur mit seinesgleichen
il ne parle qu'avec des gens comme lui

deinesgleichen kenne ich
je connais les gens de ton espèce

ein Werk, das seinesgleichen sucht
un travail sans pareil

4 Unsereiner (les gens comme nous)

Unsereiner est **singulier**. On le trouve à l'accusatif (**unsereinen**) et au datif (**unsereinem**), ainsi qu'au féminin (**unsereine**, **unsereine**, **unsereiner**) :

unsereiner kann sich das nicht leisten
les gens comme nous ne peuvent pas se le permettre

unsereinem fehlt das Geld dazu
les gens comme nous n'ont pas l'argent pour ça

D LES PRONOMS INDÉFINIS INVARIABLES

Il existe un certain nombre de pronoms indéfinis qui restent invariables quels que soient leur cas :

etwas *quelque chose*	**nichts** *rien*	**jedermann** *chacun*
ein bisschen *un peu*	**ein paar** *quelques*	**ein wenig** *un peu*

ich habe etwas gehört
j'ai entendu quelque chose

nichts war zu hören
on n'entendait rien

mit ein wenig Glück
avec un peu de chance

Avec les verbes réfléchis, on emploie le pronom réfléchi **sich** ; à **jedermann** correspond le possessif **sein**, à **beide** et **ein paar** correspond **ihr** :

nichts hat sich geändert
rien n'a changé

jedermann hat seine Pflicht zu erfüllen
chacun a son devoir à accomplir

beide hatten ihre Hausaufgaben gemacht
ils avaient tous les deux fait leurs devoirs

1 Etwas (quelque chose)

es war etwas los
il se passait quelque chose

hast du etwas gesehen?
tu as vu quelque chose ?

On emploie **was** à la place de **etwas** dans le langage familier :

ich werde dir was zeigen
je vais te montrer quelque chose

Etwas peut avoir un sens plus vague quand il est accompagné de **irgend**. Il s'écrit **irgendetwas** ou **irgendwas** :

Sie müssen doch irgendetwas gesehen haben!
vous avez dû au moins voir quelque chose !

irgendwas muss geschehen sein
quelque chose a dû se produire

Etwas peut aussi s'employer comme adjectif devant un nom. Il reste invariable :

etwas Brot
du pain

ich brauche etwas Ruhe
j'ai besoin d'un peu de calme

So etwas s'emploie pour signifier "une chose pareille" :

hast du je von so etwas gehört?
as-tu jamais entendu parler d'une chose pareille ?

so etwas muss ausgerechnet mir passieren!
ça n'arrive qu'à moi !

Etwas s'emploie avec **an** + datif pour traduire "quelque chose chez" :

> es ist etwas an ihm, was mir nicht gefällt
> *il y a quelque chose qui ne me plaît pas chez lui*

Etwas peut s'employer avec un adjectif substantivé dans des expressions telles que "quelque chose de remarquable", "quelque chose de triste". L'adjectif qui suit porte la marque du neutre des adjectifs sans article (voir pages 65-7) et s'écrit avec une majuscule :

> das war **etwas** durchaus **Bemerkenswertes**
> *c'était quelque chose d'assez remarquable*

> die Erinnerung an **etwas Trauriges**
> *le souvenir de quelque chose de triste*

> wir suchen nach **etwas Besserem**
> *nous recherchons quelque chose de mieux*

2 Nichts (rien)

> hast du nichts vergessen?
> *tu n'as rien oublié ?*

> ich habe damit nichts zu tun
> *je n'ai rien à voir avec ça*

Nichts peut être renforcé par un nombre de mots ou d'expressions qui ont le sens de "rien du tout" en français. Tous ces mots ou expressions se placent avant **nichts** :

gar, **ganz und gar**, **rein gar**, **überhaupt** :

> du hast überhaupt nichts getan!
> *tu n'as rien fait du tout !*

> ich habe zu gar nichts Lust
> *je n'ai envie de rien faire*

"Rien d'autre" se traduit en général par **sonst nichts** :

> da war sonst nichts zu tun
> *il n'y avait rien d'autre à faire*

> ich brauche sonst nichts als Ruhe
> *je n'ai besoin de rien d'autre que de calme*

Nichts ander(e)s est normalement l'équivalent de "rien d'autre que" :

> das ist nichts ander(e)s als Betrug
> *ce n'est rien d'autre qu'une imposture*

Nichts s'emploie avec **an** + datif pour exprimer "rien de" :

> nichts an der Sache gefällt dir
> *rien de tout cela ne te plaît*

Nichts peut s'employer avec un adjectif dans les expressions du type "rien d'intéressant", "rien de nouveau". L'adjectif porte alors la marque du neutre de l'adjectif sans article (voir pages 65-7) et s'écrit avec une majuscule :

nichts Interessantes im Fernsehen?
rien d'intéressant à la télé ?

3 **Ein bisschen** (un peu), **ein paar** (quelques(-uns)), **ein wenig** (un peu)

Tous ces pronoms sont invariables. On les emploie seuls, comme pronoms, ou devant un nom :

ein paar alte Bekannte
quelques vieux amis

ein paar werden schon kommen
quelques-uns au moins vont venir

ich möchte ein bisschen frische Luft
je voudrais un peu d'air

ich möchte davon ein bisschen
j'en voudrais un peu

4 **Jedermann** (chacun, tout le monde)

Jedermann est singulier. Il est invariable, sauf au génitif où il prend un **-s** :

jedermann hörte den Aufruf
tout le monde a entendu l'appel

das ist nicht jedermann**s** Sache
ça ne plaît pas à tout le monde

Jeder (*chacun*) est plus courant que **jedermann** (voir page 28).

5 **Beide** (tous les deux)

beide sind schon da
ils sont déjà là tous les deux

a) **Beide** peut aussi s'employer après un article défini, un démonstratif ou un possessif. Il porte alors la terminaison de l'adjectif après l'article défini (voir pages 61-3) qu'il soit placé devant un nom ou employé seul :

die beiden sind gekommen
ils sont venus tous les deux

mit diesen beiden neuen Schülern
avec ces deux nouveaux élèves

b) Le singulier **beides** est un pronom indéfini neutre qui peut se rapporter à deux objets ou à deux idées, mais jamais à des personnes, sauf dans un langage familier. On l'emploie normalement au nominatif (**beides**), à l'accusatif (**beides**) et au datif (**beidem**) :

Hut und Mantel, beides hat er vergessen
il a oublié à la fois son chapeau et son manteau

ich bin mit beidem zufrieden
les deux me satisfont

beides ist teuer
ils sont tous les deux chers

Beides est accompagné d'un verbe au singulier, sauf lorsque le verbe **sein** est suivi d'un nom au pluriel :

beides bietet Vorteile
ils ont tous les deux des avantages

beides ist richtig
les deux sont corrects

mais : beides sind Neuausgaben
les deux sont des nouvelles éditions

c) **Beide** s'emploie seulement au pluriel et peut se rapporter à des objets ou des personnes :

nom.	**beide**
acc.	**beide**
dat.	**beiden**
gén.	**beider**

beide waren im Urlaub
ils étaient tous les deux en vacances

einer von beiden muss der Dieb sein
l'un des deux doit être le voleur

Attention à l'ordre des mots : **beide** peut se placer avant le verbe ou plus loin dans la phrase lorsqu'un nom ou un pronom est sujet :

beide wollen kommen
ils veulent tous les deux venir

sie wollen **beide** kommen
ils veulent venir tous les deux

die Mädchen wollen **beide** kommen
les filles veulent venir toutes les deux

leider kommen die Mädchen **beide**
hélas les filles viennent toutes les deux

leider kommen **beide** Mädchen
hélas les deux filles viennent

d) **Beide** peut être accentué par **alle** placé devant :

sind alle beide gekommen?
est-ce qu'elles sont venues toutes les deux ?

ihr seid Schurken, alle beide!
vous êtes tous les deux des coquins !

e) **Beide** après un pronom personnel :

La terminaison de **beide** peut varier lorsqu'il suit un pronom personnel. En général, **beide** a la même terminaison que les adjectifs au pluriel sans article (voir page 65) :

wir beide
nous deux

für euch beide
pour tous les deux

sie beide zusammen
tous les deux ensemble

sauf après **ihr**, et entre **ihr/wir** et un nom :

ihr beiden
vous deux

wir beiden alten Kumpel
nous deux les vieux copains

macht mal schnell, ihr beiden Faulenzer!
eh, les deux fainéants, dépêchez-vous !

6 Selbst (moi-même, toi-même, etc.)

Selbst fait référence au sujet d'un verbe, et sert à le mettre en relief :

sie hat die Flasche selbst geöffnet
elle a ouvert la bouteille elle-même

das Kind war sich selbst überlassen
l'enfant était livré à lui-même

Selbst peut aussi se placer immédiatement après le sujet :

er selbst hat das angeordnet
c'est lui-même qui l'a organisé

die Direktorin selbst wird das Gebäude eröffnen
la directrice inaugurera elle-même le bâtiment

On l'emploie avec un nom attribut de **sein** exprimant une vertu :

sie ist die Güte selbst
elle est la bonté même

Notez aussi l'emploi de **von selbst** :

von selbst wäre ich nie darauf gekommen!
je n'y aurais jamais pensé moi-même !

das versteht sich von selbst
cela va sans dire

Beaucoup d'autres types de mots peuvent s'employer comme pronoms indéfinis. Pour l'emploi de l'article indéfini, des possessifs, de **derjenige**, **derselbe**, **dieser**, **jeder**, **keiner**, **mancher**, **welcher**, **alles**, **alle** (pluriel) et **solche** (pluriel) comme pronoms indéfinis, voir les différentes entrées du chapitre sur les articles et les déterminants pages 23-35.

E LES ADJECTIFS EMPLOYÉS COMME PRONOMS

a) Un certain nombre d'adjectifs peuvent s'employer seuls, comme pronoms. Ils ont en général la terminaison de l'adjectif selon le genre, le nombre et le cas, qu'ils soient précédés d'un article ou non :

gestern war ein **anderer** da
quelqu'un d'autre était là hier

Folgendes muss getan werden
il faut faire la suite

Il est souvent difficile de les discerner des adjectifs substantivés. Pour l'emploi des majuscules, voir page 42.

b) Certains adjectifs sont le plus souvent employés comme pronoms indéfinis au pluriel :

i) **Einige** (*quelques-uns, plusieurs*), **mehrere** (*plusieurs*), **viele** (*beaucoup*) et **wenige** (*peu*) sont les plus courants :

ich habe einige schon bemerkt
j'en ai déjà remarqué plusieurs

der beste unter vielen
le meilleur parmi beaucoup d'autres

nur wenige sind gekommen
seuls quleques-uns sont venus

er kennt die Arbeiten mehrerer
il connaît le travail de plusieurs personnes

ii) Tous peuvent aussi s'employer seuls, comme pronoms, au singulier, avec toutefois un certain nombre de restrictions :

- **Einiges**

 Comme pronom singulier, **einiges** s'emploie comme neutre collectif, se rapportant à des objets ; il signifie "plusieurs choses" :

 ich habe einiges mitgebracht
 j'ai apporté plusieurs choses

 Comme **etwas** et **nichts**, on peut l'employer avec un adjectif substantivé :

 einiges Interessantes
 plusieurs choses intéressantes

- **Viel** et **wenig** peuvent porter la marque du neutre (**vieles**, **vielem**) :

 wir haben viel(es) von ihm gehört
 nous avons beaucoup entendu parler de lui

 Les formes avec une terminaison sont plus courantes au datif :

 von vielem enttäuscht
 déçu par beaucoup de choses

 Viel et **wenig** sont très souvent employés avec des adjectifs substantivés. Il est plus courant d'employer **viel** et **wenig** sans terminaison, l'adjectif substantivé portant les marques de l'adjectif sans article :

 viel Überflüssig**es**
 beaucoup de superflu

 mit wenig Gut**em**
 avec peu de bonnes choses

c) **Sämtlich** (*tous sans exception*) est en général employé comme un adjectif normal, mais il peut rester invariable et suivre le verbe pour accentuer l'idée de totalité :

 sie waren sämtlich ausgewandert
 ils avaient tous émigré, sans exception

F LES PRONOMS RELATIFS

Le pronom relatif introduit une subordonnée. Il fait référence à un nom, à un pronom ou à une proposition qui le précède, et sur lequel la proposition relative apporte plus d'informations. Par exemple, dans la phrase “l’homme qui porte un chapeau”, “qui” renvoie à “l’homme” et la proposition “qui porte un chapeau” nous donne plus d’informations sur lui.

Le verbe se place toujours à la fin de la subordonnée en allemand.

1 Formes

En général, l’allemand emploie l’article défini comme pronom relatif :

	MASCULIN	FÉMININ	NEUTRE	PLURIEL
nom.	der	die	das	die
acc.	den	die	das	die
dat.	dem	der	dem	denen
gén.	dessen	deren	dessen	deren

Vous noterez le changement de forme au génitif, et au datif pluriel.

Welche peut aussi s’employer comme pronom relatif, voir page 33.

2 Accord

En français, le pronom relatif n’a que trois formes : “qui” (sujet), “que” (complément d’objet) et “dont” (complément d’un nom, d’un verbe ou d’un adjectif). En allemand, les formes varient selon le nombre, le genre ou le cas. Le pronom relatif s’accorde en genre et en nombre avec le mot auquel il se rapporte, mais son cas est déterminé par sa fonction dans la proposition relative (sujet, complément, etc.). Par exemple, dans la phrase :

der Junge, den ich gestern sah
le garçon que j’ai vu hier

der Junge est un masculin singulier ; dans la proposition relative, il est complément d’objet direct. Par conséquent, on emploie le pronom relatif masculin singulier à l’accusatif.

Voici d’autres exemples :

der Spieler, der gewonnen hat
le joueur qui a gagné

der Betrag, den du zahlen musst
le montant que tu dois payer

die Lehrer, denen er es erklären muss
les professeurs à qui il doit l'expliquer

die Frau, deren Mann du kennst
la femme dont tu connais le mari

Remarque :

Le nom qui suit deren et dessen ne prend pas d'article :

der Mann, dessen Frau in Berlin wohnte
l'homme dont la femme habitait Berlin

L'adjectif qui accompagne ce nom aura la déclinaison de l'adjectif employé avec ein :

die Frau, deren geschiedener Mann in Berlin wohnte
la femme dont le mari divorcé habitait Berlin

3 Emploi avec des prépositions

a) Les prépositions se placent toujours devant le pronom relatif qui prend alors le cas demandé par la préposition (exemple : von + datif) :

der Mann, von dem ich das bekommen habe
l'homme duquel j'ai reçu ça

der Zug, mit dem er reist
le train dans lequel il voyage

b) Lorsque le pronom relatif employé avec une préposition ne se rapporte pas à une personne mais à un objet ou une idée, on emploie fréquemment la forme wo(r)- + préposition. Comparez les exemples suivants :

die Ansagerin, von der er sprach
l'animatrice dont il parlait

das Thema, worüber er sprach/das Thema, über das er sprach
le sujet dont il parlait

On emploie wor- avec des prépositions commençant par une voyelle : worauf, worum, woran, etc.

4 Was

Was s'emploie normalement comme neutre nominatif ou accusatif après :

a) des pronoms indéfinis neutres tels que **alles**, **etwas**, **nichts**, etc. :

nichts, was mich interessierte
rien qui ne m'intéressait

etwas, was mir Sorgen machte
quelque chose qui m'inquiétait

einiges, was ich bedenken sollte
des choses auxquelles je devrais penser

On emploie **das** à la place de **was**, en particulier après **etwas**, lorsque le locuteur a quelque chose de précis à l'esprit. Comparez les deux exemples suivants :

gibt es irgendetwas, **was** ich tun kann?
est-ce que je peux faire quoi que ce soit ?

er sah etwas, **das** ihn schockierte
il a vu quelque chose qui l'a choqué

b) un adjectif substantivé neutre :

das Beste, was du tun kannst
le mieux que tu peux

das meiste, was ich gelesen habe
la plupart de ce que j'ai lu

c) toute une proposition :

er sagte ab, was alle bedauerten
il a annulé, ce que tout le monde a regretté

die Regierung trat zurück, was Neuwahlen erforderlich machte
le gouvernement démissionna, ce qui nécessita une nouvelle élection

On n'emploie pas **was** avec une préposition :

er rutschte aus, worüber alle lachten
il glissa, ce qui fit rire tout le monde

5 Remplacement du pronom relatif par wo (où)

a) Les subordonnées de lieu sont souvent introduites par la conjonction **wo** (*où*) à la place de la préposition + pronom relatif :

ein Land, wo er viel Zeit verbrachte
un pays, où il passa beaucoup de temps

b) Lorsque la relative se rapporte à un nom de pays, de ville ou de lieu, l'emploi de wo à la place de la préposition + pronom relatif est obligatoire :

Rom, wo es so viele schöne Kirchen gibt
Rome, où il y a tellement de belles églises

c) Comme en français, on emploie souvent wo à la place de la préposition + pronom relatif dans des subordonnées de temps :

die Jahre, wo er viel verdiente
les années où il gagnait beaucoup d'argent

die Woche, wo ich verreist war
la semaine où j'étais en voyage

6 Wer comme pronom relatif

Les pronoms interrogatifs wer et was (voir les formes ci-dessous) peuvent s'employer comme relatifs sans impliquer une question, lorsque la proposition relative est en tête de phrase, et qu'elle est le sujet du verbe principal. On les emploie pour des personnes ou des choses indéterminées :

wer das kauft, muss schwachsinnig sein
celui qui achète ça doit être fou

wer wagt, gewinnt
qui ose, gagne

wem der Mut fehlt, darf gehen
que celui qui manque de courage parte

G LES PRONOMS INTERROGATIFS

1 Formes

Il existe deux pronoms interrogatifs, l'un pour les personnes (wer) et l'autre pour les choses (was) :

	PERSONNEL	IMPERSONNEL
nom.	wer	was
acc.	wen	was
dat.	wem	–
gén.	wessen	wessen

wer spielt heute?
qui joue aujourd'hui ?

wessen Mantel ist das?
c'est le manteau de qui ?

auf wen kann ich rechnen?
sur qui puis-je compter ?

was sagst du dazu?
qu'est-ce que tu en dis ?

mit wem geht sie aus?
avec qui elle sort ?

Ils sont, en général, au singulier, mais peuvent être suivis du verbe sein au pluriel lorsque ce dernier est suivi d'un nom au pluriel :

wer sind deine Begleiter?
qui sont tes compagnons ?

was sind seine Gründe?
quelles sont ses raisons ?

2 Emploi avec des prépositions

On emploie fréquemment wo(r)- + préposition, à la place de was lorsqu'il suit une préposition :

womit (= mit was) soll ich es waschen?
avec quoi est-ce que je vais le laver ?

woran (= an was) liegt das?
quelle en est la cause ?

3 Emploi indirect

Lorsque la proposition introduite par un pronom interrogatif suit un verbe d'expression, ou un verbe exprimant une question, il s'agit d'une proposition subordonnée (question indirecte), et par conséquent le verbe se place en fin de phrase :

weißt du, wer das geschrieben hat?
sais-tu qui a écrit ça ?

erzähl mir, was er gesagt hat
raconte-moi ce qu'il a dit

Pour l'emploi de welcher comme pronom interrogatif, voir pages 31-2.

H L'ORDRE DES PRONOMS

Pour plus d'informations, voir pages 222-4.

a) Les pronoms compléments d'objet direct ou indirect se placent en général juste après le verbe :

ich gebe **dir** das Geld
je te donne l'argent

ich habe **ihn** nicht gesehen
je ne l'ai pas vu

i) Lorsque la phrase contient deux compléments d'objet, le pronom à l'accusatif se place avant celui au datif :

habe ich **es** dir gegeben?
est-ce que je te l'ai donné ?

ich habe **es** ihm geliehen
je le lui ai emprunté

ii) Le même ordre s'applique lorsque la phrase contient un pronom réfléchi au datif :

ich kann **es** mir nicht leisten
je ne peux pas me le permettre

iii) Sinon, le pronom réfléchi se place immédiatement après le verbe :

er kauft **sich** einen Filzstift
il s'achète un crayon feutre

b) Un pronom sujet se place immédiatement après le verbe lorsqu'il y a inversion :

morgens macht **sie** ihm das Frühstück
le matin, elle lui prépare son petit déjeuner

gestern hat **sie** ihn/uns gesehen
elle l'a/nous a vu(s) hier

c) Un nom sujet peut se placer avant ou après un pronom complément d'objet :

gestern hat **ihn meine Schwester** gesehen
gestern hat **meine Schwester ihn** gesehen
ma sœur l'a vu hier

6 LES VERBES

A LES TYPES DE VERBES ET LEURS FORMES

1 Les types de verbes

Il existe deux types de verbes en allemand : les verbes faibles et les verbes forts. Il existe aussi un petit nombre de verbes faibles irréguliers. Pour plus de détails sur les verbes forts et les verbes faibles irréguliers, ainsi que leurs différentes formes, voir pages 114-19 et 123-5.

La différence fondamentale entre ces deux types de verbes réside dans la formation du prétérit et du participe passé : pour les verbes faibles, on ajoute un **-t-** au radical du verbe (infinitif sans la terminaison en **-en**) à ces deux temps ; pour les verbes forts, c'est la voyelle du radical du verbe qui change au prétérit et au participe passé. Par exemple :

	INFINITIF	PRÉTÉRIT	PARTICIPE PASSÉ
faible	**pack**en	ich pack-**te**	gepack-**t**
fort	**sing**en	ich s**a**ng	ges**u**ng**en**

Les verbes faibles sont de loin les plus nombreux. Les verbes nouvellement créés ou empruntés à d'autres langues sont toujours faibles (**managen** - **gemanagt** dérivé de l'anglais "to manage" – *diriger*) et certains verbes forts à l'origine ont de plus en plus une conjugaison faible (par exemple **stecken** *se trouver*, dont le prétérit **stak** est souvent remplacé par la forme faible **steckte**). De nombreux verbes forts sont cependant très courants : **sein** (*être*), **gehen** (*aller*), **kommen** (*venir*) etc.

2 Forme et conjugaison des verbes

a) *Les verbes faibles*

i) Le présent

Le présent se forme en ajoutant les terminaisons -e, -(e)st, -(e)t, -en, -(e)t, -en au radical.

	frag-en	red-en	heiz-en
ich	frage	rede	heize
du	fragst	redest	heizt
er/sie/es	fragt	redet	heizt
wir	fragen	reden	heizen
ihr	fragt	redet	heizt
Sie/sie	fragen	reden	heizen
	atm-en	**klingel-n**	**plauder-n**
ich	atme	klingle	plaud(e)re
du	atmest	klingelst	plauderst
er/sie/es	atmet	klingelt	plaudert
wir	atmen	klingeln	plaudern
ihr	atmet	klingelt	plaudert
Sie/sie	atmen	klingeln	plaudern

Le verbe haben est un verbe faible, mais il est irrégulier à certaines personnes :

ich	habe
du	hast
er/sie/es	hat
wir	haben
ihr	habt
Sie/sie	haben

Certains verbes subissent quelques changements orthographiques :

- On intercale un e devant les terminaisons en -st et -t pour les verbes dont le radical se termine par -t ou -d (voir reden ci-dessus) et pour les verbes dont le radical se termine par -m ou -n (et non par -mm, -nn, -lm, -ln, -rm ou -rn) (voir atmen ci-dessus). Mais filmen (*filmer*) n'a pas besoin de e intercalaire.
- Le s de -st est omis pour les verbes dont le radical se termine

par -s, -ß, -x, -z (voir heizen ci-dessus).

- Les verbes dont l'infinitif se termine par -eln perdent le e avant le l à la première personne du singulier (voir klingeln ci-dessus) ; ceci peut aussi s'appliquer aux verbes se terminant en -ern, bien que ce ne soit pas toujours le cas (voir plaudern ci-dessus).

ii) Le prétérit

Le prétérit allemand correspond, selon le contexte, au passé simple ou à l'imparfait français. Il se forme en ajoutant au radical du verbe le suffixe -te, puis les terminaisons suivantes ø, -st, ø, -n, -t, -n. Ces terminaisons se distinguent de celles du présent, surtout à la troisième personne du singulier.

	frag-en	**red-en**	**atm-en**
ich	fragte	redete	atmete
du	fragtest	redetest	atmetest
er/sie/es	fragte	redete	atmete
wir	fragten	redeten	atmeten
ihr	fragtet	redetet	atmetet
Sie/sie	fragten	redeten	atmeten

Le verbe haben perd le b du radical au prétérit :

ich	hatte
du	hattest
er/sie/es	hatte
wir	hatten
ihr	hattet
Sie/sie	hatten

Changements communs à certains verbes : pour les verbes dont le radical se termine par -d ou -t, ou par -m ou -n (et non par -mm, -nn, -lm, -ln, -rm ou -rn), on intercale un e entre le radical et la terminaison (voir la conjugaison de reden et atmen ci-dessus).

iii) Le parfait ou passé composé

Le parfait allemand correspond au passé composé français. Il se forme avec le participe passé et l'auxiliaire sein ou haben au présent (pour la formation du participe passé, voir pages 112-13 ; pour l'emploi des auxiliaires sein et haben, voir pages 126-9).

	fragen	reisen
ich	habe... gefragt	bin... gereist
du	hast... gefragt	bist... gereist
er/sie/es	hat... gefragt	ist... gereist
wir	haben... gefragt	sind... gereist
ihr	habt... gefragt	seid... gereist
Sie/sie	haben... gefragt	sind... gereist

Le participe se place normalement à la fin de la phrase ou de la proposition, voir pages 129-30 et 223.

iv) Le plus-que-parfait

Le plus-que-parfait se forme en employant le participe passé avec **sein** ou **haben** au prétérit (pour la formation du participe passé, voir pages 112-13 ; pour l'emploi des auxiliaires **sein** et **haben**, voir pages 126-9).

	fragen	reisen
ich	hatte... gefragt	war... gereist
du	hattest... gefragt	warst... gereist
er/sie/es	hatte... gefragt	war... gereist
wir	hatten... gefragt	waren... gereist
ihr	hattet... gefragt	wart... gereist
Sie/sie	hatten... gefragt	waren... gereist

Le participe se place normalement à la fin de la phrase ou de la proposition, voir pages 129-30 et 223.

v) Le futur

Le futur se forme avec **werden** au présent suivi de l'infinitif du verbe.

	fragen
ich	werde... fragen
du	wirst... fragen
er/sie/es	wird... fragen
wir	werden... fragen
ihr	werdet... fragen
Sie/sie	werden... fragen

L'infinitif se place normalement à la fin de la phrase ou de la proposition, voir pages 129-30 et 223.

vi) Le futur antérieur

Le futur antérieur se forme avec **werden** au présent et l'infinitif passé du verbe conjugué (voir page 113). Pour l'emploi des auxiliaires **sein** et **haben**, voir pages 126-9.

	fragen	reisen
ich	werde... gefragt haben	werde... gereist sein
du	wirst... gefragt haben	wirst... gereist sein
er/sie/es	wird... gefragt haben	wird... gereist sein
wir	werden... gefragt haben	werden... gereist sein
ihr	werdet... gefragt haben	werdet... gereist sein
Sie/sie	werden... gefragt haben	werden... gereist sein

vii) L'impératif

Il existe une forme impérative aux personnes suivantes : **du**, **wir**, **ihr** et **Sie**. La forme de la deuxième personne du singulier (**du**) à l'impératif se compose du radical du verbe auquel on ajoute parfois un **-e**. Les autres personnes ont la même terminaison qu'à l'indicatif. On n'emploie normalement pas le pronom à la deuxième personne du singulier et du pluriel (**du** et **ihr**), tandis qu'on le conserve à la première personne du pluriel (**wir**) et à la forme de politesse (**Sie**). Il est alors placé après le verbe. En général, l'impératif est suivi d'un point d'exclamation :

	fragen	entschuldigen	klingeln
(du)	frag(e)!	entschuldige!	klingle!
(wir)	fragen wir!	entschuldigen wir!	klingeln wir!
(ihr)	fragt!	entschuldigt!	klingelt!
(Sie)	fragen Sie!	entschuldigen Sie!	klingeln Sie!

Le **-e** de la deuxième personne du singulier est normalement omis, en particulier dans la langue parlée. Cependant, on peut aussi l'omettre dans la langue écrite. Mais il ne faut pas l'omettre pour les verbes en **-igen** (voir **entschuldigen** ci-dessus).

Pour les verbes en **-eln**, **-ern**, le **e** du radical disparaît tandis que l'on conserve le **-e** final (voir **klingeln** ci-dessus).

Les verbes dont le radical se termine par deux consonnes différentes conservent le **-e** pour des raisons de prononciation (par exemple **atme!**, **antworte!**). Les verbes dont le radical se termine par **-d** ou **-t** conservent souvent le **-e** (**red!** ou **rede!**, **bet!** ou **bete!**).

Pour l'emploi d'autres formes permettant d'exprimer un impératif, voir pages 137-8.

viii) Le subjonctif présent ou subjonctif I

Le subjonctif présent est souvent utilisé dans le discours indirect. Il se forme à partir du radical de l'infinitif auquel on ajoute les terminaisons **-e**, **-est**, **-e**, **-en**, **-et**, **-en**. Ces terminaisons sont les mêmes pour les verbes faibles et les verbes forts :

	frag-en	**hab-en**
ich	frage	habe
du	fragest	habest
er/sie/es	frage	habe
wir	fragen	haben
ihr	fraget	habet
Sie/sie	fragen	haben

Le verbe **haben** est régulier au subjonctif présent.

ix) Le subjonctif prétérit ou subjonctif II

Il s'emploie pour exprimer l'irréel. Le subjonctif prétérit des verbes faibles est le même que le prétérit de l'indicatif (voir page 107).

Le verbe **haben** prend l'inflexion (¨) au subjonctif prétérit :

ich	hätte
du	hättest
er/sie/es	hätte
wir	hätten
ihr	hättet
Sie/sie	hätten

x) Les subjonctifs passé composé et plus-que-parfait

Les subjonctifs passé composé et plus-que-parfait se forment de la même manière que le parfait et le plus-que-parfait de l'indicatif. Cependant, les subjonctifs présent et prétérit de **sein** et **haben** remplacent l'indicatif présent et prétérit :

	fragen	reisen
ich	habe/hätte... gefragt	sei/wäre... gereist
du	habest/hättest... gefragt	sei(e)st/wär(e)st... gereist
er/sie/es	habe/hätte... gefragt	sei/wäre... gereist
wir	haben/hätten... gefragt	seien/wären... gereist
ihr	habet/hättet... gefragt	seiet/wär(e)t... gereist
Sie/sie	haben/hätten... gefragt	seien/wären... gereist

xi) Le conditionnel et la forme avec **würde**

À l'inverse du français, l'allemand n'a pas de mode conditionnel. Pour exprimer des hypothèses, on emploie la forme simple du **subjonctif prétérit** (voir ix) ci-contre) ou la forme composée suivante : **subjonctif prétérit** de **werden** + infinitif ou infinitif passé.

	fragen	
ich	würde... fragen	würde... gefragt haben
du	würdest... fragen	würdest... gefragt haben
er/sie/es	würde... fragen	würde... gefragt haben
wir	würden... fragen	würden... gefragt haben
ihr	würdet... fragen	würdet... gefragt haben
Sie/sie	würden... fragen	würden... gefragt haben

On utilise **würde** + infinitif pour remplacer les formes peu usitées du subjonctif prétérit :

(wenn du ihm mehr Geld **gäbest**...)/wenn du ihm mehr Geld **geben würdest**...
si tu lui donnais plus d'argent...

On emploie parfois aussi la forme composée à la place du subjonctif présent ou passé composé.

Dans les tableaux de conjugaison pages 172-84, vous trouverez toutefois l'appellation "conditionnel" pour désigner cette forme composée du subjonctif prétérit, forme que l'on utilise dans la plupart des cas pour traduire un conditionnel français.

xii) Les passifs

Il y a deux passifs en allemand, l'un formé avec l'auxiliaire **werden**, l'autre formé avec **sein**, tous les deux suivis du participe passé du verbe. Pour la différence d'emploi, voir pages 135-7.

	passif avec werden	*passif avec* sein
ich	werde... gefragt	bin... gefragt
du	wirst... gefragt	bist... gefragt
er/sie/es	wird... gefragt	ist... gefragt
wir	werden... gefragt	sind... gefragt
ihr	werdet... gefragt	seid... gefragt
Sie/sie	werden... gefragt	sind... gefragt

Des temps plus complexes peuvent se former avec werden conjugué à d'autres temps + participe passé :

prétérit passif : ich wurde... gefragt, etc.

parfait passif : ich bin... gefragt worden, etc.

plus-que-parfait passif : ich war... gefragt worden, etc.

futur passif : ich werde... gefragt werden, etc.

futur antérieur passif : ich werde... gefragt worden sein, etc.

Remarque :

Notez la forme particulière du participe passé de werden lorsqu'il est auxiliaire du passif (worden et non geworden).

Les subjonctifs passifs peuvent se former en employant le subjonctif de werden.

xiii) Le participe présent

Le participe présent se forme en ajoutant -d à l'infinitif. Pour l'emploi voir pages 147-8.

xiv) Le participe passé

Le participe passé des verbes faibles se forme à partir du radical + -t et normalement du préfixe ge- :

fragen → gefragt heizen → geheizt

Mais le t final est précédé d'un e pour les verbes dont le radical se termine par -d ou -t ou par une consonne précédée d'une consonne différente, sauf l ou r :

leiten → geleitet
reden → geredet
atmen → geatmet mais : filmen → gefilmt
ordnen → geordnet mais : turnen → geturnt

- Pour les verbes à particule séparable, le **ge-** se place entre la particule séparable et le radical du verbe. Par exemple : aus**ge**fragt, zurück**ge**reist, ein**ge**atmet.
- On omet le préfixe **ge-** lorsque le verbe a une particule inséparable ou lorsqu'il se termine en **-ieren** :

besucht	verletzt
erwartet	vollendet
übernachtet	telefoniert

Ceci s'applique aussi aux verbes à particule séparable se terminant en **-ieren** ou pour les verbes formés à partir d'un verbe qui a déjà une particule inséparable :

einstudiert	anerkannt

- Les verbes qui sont, en fonction du contexte, soit séparables soit inséparables (voir pages 131-2) peuvent avoir deux participes passés :

übersetzt	übergesetzt
traduit	*transporté de l'autre côté*

xv) L'infinitif

L'infinitif est la forme de base du verbe qui ne porte pas d'indication de personne. L'infinitif se termine toujours en **-(e)n**. On peut créer différents temps de l'infinitif :

infinitif présent :	sehen *voir*
infinitif passé :	gesehen haben *avoir vu*
infinitif passif :	gesehen werden *être vu*
infinitif passif :	gesehen sein *être vu*
infinitif passé passif :	gesehen worden sein *avoir été vu*

b) *Les verbes forts*

i) Le présent

Le présent se forme en ajoutant la terminaison -e, -(e)st, -(e)t, -en, -(e)t, -en. La voyelle du radical de certains verbes change à la deuxième et à la troisième personne du singulier.

	find-en	seh-en	fahr-en
ich	finde	sehe	fahre
du	findest	siehst	fährst
er/sie/es	findet	sieht	fährt
wir	finden	sehen	fahren
ihr	findet	seht	fahrt
Sie/sie	finden	sehen	fahren
	stoß-en	**geh-en**	**werf-en**
ich	stoße	gehe	werfe
du	stößt	gehst	wirfst
er/sie/es	stößt	geht	wirft
wir	stoßen	gehen	werfen
ihr	stoßt	geht	werft
Sie/sie	stoßen	gehen	werfen
	sein*	**werd-en**	**bitt-en**
ich	bin	werde	bitte
du	bist	wirst	bittest
er/sie/es	ist	wird	bittet
wir	sind	werden	bitten
ihr	seid	werdet	bittet
Sie/sie	sind	werden	bitten

*sein a une forme totalement irrégulière au présent.

- On intercale un e devant les terminaisons en -st et -t pour les verbes dont le radical se termine par -t ou -d (voir bitten ci-dessus), sauf lorsqu'il y a eu un changement de voyelle. Comparez finden et bitten ci-dessus avec :

  laden → lädst
  raten → rätst
  schelten → schiltst
  schmelzen → schmilzt

- Les **changements de voyelles les plus courants** dans le radical du verbe à la deuxième et à la troisième personne du singulier sont :

  a → ä : voir fahren ci-dessus. Presque tous les verbes forts dont la voyelle du radical est **a** subissent un changement en **ä**, sauf **schaffen** ; **backen** est aujourd'hui couramment employé sans inflexion et avec un prétérit faible.

e (court) → **i** : voir **werden** et **werfen** ci-dessus. La plupart de verbes dont la voyelle du radical est **e** subissent un changement en **i**.

e (long) → **ie** : voir **sehen** ci-dessus. Ce changement se produit le plus souvent lorsque le **e** est suivi d'un **h** :

befehlen → befiehlt
geschehen → geschieht
lesen → liest

ii) Le prétérit

La plupart des verbes forts subissent un changement de voyelle au prétérit. On n'ajoute pas de terminaison à la première et à la troisième personne du singulier. Toutes les autres formes ont la même terminaison qu'au présent :

	pfeifen	**finden**	**bleiben**
ich	pfiff	fand	blieb
du	pfiffst	fandst	bliebst
er/sie/es	pfiff	fand	blieb
wir	pfiffen	fanden	blieben
ihr	pfifft	fandet	bliebt
Sie/sie	pfiffen	fanden	blieben
	schließen	**helfen**	**sein**
ich	schloss	half	war
du	schlossest	halfst	warst
er/sie/es	schloss	half	war
wir	schlossen	halfen	waren
ihr	schlosst	halft	wart
Sie/sie	schlossen	halfen	waren

- Au prétérit, on considère qu'un **e** intercalé après le radical de verbes se terminant par **-d**, **-t**, etc. est particulièrement soutenu. On ne l'emploie jamais dans la langue parlée et on l'évite en général dans la langue écrite, sauf à la deuxième personne du singulier des verbes dont le radical se termine par **-s**, **-ß**, **-x**, **-z** (voir **schließen** ci-dessus) et à la deuxième personne du pluriel des verbes dont le radical se termine par -d et -t (voir finden ci-dessus).

- Pour la liste des verbes forts au prétérit, voir pages 164-70.
- La consonne finale du radical de certains verbes change :

  ziehen → ich zog

  Voir la liste pages 164-70.
- Werden a un prétérit irrégulier puisqu'il change de voyelle, mais, comme les verbes faibles, il se termine par un -e à la première et troisième personne du singulier (on rencontre dans des œuvres littéraires classiques la forme forte ich ward, du ward(e)st, er ward) :

ich	wurde
du	wurdest
er/sie/es	wurde
wir	wurden
ihr	wurdet
Sie/sie	wurden

iii) Le parfait ou passé composé

Le parfait se forme avec le participe passé et l'auxiliaire sein ou haben au présent. Le participe passé des verbes forts se distingue de celui des verbes faibles (-t) par sa terminaison -en. Pour la formation du participe passé, voir page 119. Pour l'emploi de sein et haben, voir pages 126-9.

	fahren	finden
ich	bin... gefahren	habe... gefunden
du	bist... gefahren	hast... gefunden
er/sie/es	ist... gefahren	hat... gefunden
wir	sind... gefahren	haben... gefunden
ihr	seid... gefahren	habt... gefunden
Sie/sie	sind... gefahren	haben... gefunden

Le participe se place normalement à la fin de la phrase ou de la proposition, voir pages 129-30 et 223.

iv) Le plus-que-parfait

Le plus-que-parfait se forme avec le participe passé (pour la formation du participe passé, voir page 119) et sein ou haben au prétérit. Pour l'emploi de sein ou haben, voir pages 126-9.

	fahren	finden
ich	war... gefahren	hatte... gefunden
du	warst... gefahren	hattest... gefunden
er/sie/es	war... gefahren	hatte... gefunden
wir	waren... gefahren	hatten... gefunden
ihr	wart... gefahren	hattet... gefunden
Sie/sie	waren... gefahren	hatten... gefunden

Le participe passé se place normalement à la fin de la phrase ou de la proposition, voir pages 129-30 et 223.

v) Le futur

Le futur des verbes forts se construit exactement comme celui des verbes faibles, voir page 108.

vi) Le futur antérieur

Le futur antérieur des verbes forts se construit exactement comme celui des verbes faibles, voir page 109.

vii) L'impératif

L'impératif des verbes forts se construit exactement comme celui des verbes faibles, voir pages 109-10. Par exemple :

fahren

fahr(e)!
fahren wir!
fahrt!
fahren Sie!

- Les verbes dont le **e** du radical change en **i** à la deuxième personne du singulier de l'indicatif subissent le même changement à l'impératif. Par exemple :

  sehen

  sieh(e)!
  sehen wir!
  seht!
  sehen Sie!

  Mais les verbes dont le **a** du radical change en **ä** ne subissent pas de changement à l'impératif (voir **fahren** ci-dessus).

- La forme de la deuxième personne de **werden** est **werde!**.

- L'impératif de **sein** est :

sei!
seien wir!
seid!
seien Sie!

viii) Le subjonctif présent ou subjonctif I

Le subjonctif présent des verbes forts se forme, comme celui des verbes faibles, en ajoutant les terminaisons suivantes au radical : -e, -est, -e, -en, -et, -en. Aucun verbe ne subit de changement de voyelle dans le radical :

	fahr-en	seh-en
ich	fahre	sehe
du	fahrest	sehest
er/sie/es	fahre	sehe
wir	fahren	sehen
ihr	fahret	sehet
Sie/sie	fahren	sehen

ix) Le subjonctif prétérit ou subjonctif II

Le subjonctif prétérit des verbes forts se forme en ajoutant les terminaisons -e, -est, -e, -en, -et, -en au radical du verbe au prétérit de l'indicatif. Si la voyelle du radical est a, o ou u, elle porte toujours l'inflexion :

	fahren	bleiben	sein
ich	führe	bliebe	wäre
du	führest	bliebest	wär(e)st
er/sie/es	führe	bliebe	wäre
wir	führen	blieben	wären
ihr	führet	bliebet	wär(e)t
Sie/sie	führen	blieben	wären

x) Les subjonctifs passé composé et plus-que-parfait

Comme pour les verbes faibles. Voir pages 110-11.

xi) Le conditionnel et les subjonctifs avec würde

Comme pour les verbes faibles. Voir page 111.

xii) Les passifs

Comme pour les verbes faibles. Voir pages 111-12.

xiii) Le participe présent

Comme pour les verbes faibles. Voir page 112.

xiv) Le participe passé

Le participe passé se forme à partir du radical du verbe (en général avec un changement de voyelle), normalement précédé du préfixe **ge-** et suivi du suffixe **-en** :

fahren → **ge**fahr**en** bleiben → **ge**bl**ie**b**en**
werfen → **ge**w**o**rf**en** singen → **ge**s**u**ng**en**

Le participe passé de **sein** est **gewesen**.

Dans les verbes à particule séparable, le **ge-** se place entre le préfixe et le radical du verbe :

einschlafen → ein**ge**schlafen aussteigen → aus**ge**stiegen

On omet le **ge-** dans les verbes à particule inséparable :

verstehen → verstanden empfehlen → empfohlen

c) *Les verbes de modalité*

Pour l'emploi des verbes de modalité, voir pages 149-54.

i) Le présent

Au présent, on n'ajoute pas de terminaison au radical du verbe à la première et à la troisième personne du singulier ; la terminaison de la deuxième personne du singulier est **-st**. Pour les personnes du pluriel et la forme de politesse, la conjugaison de ces verbes redevient régulière et on ajoute les terminaisons **-en**, **-t**, **-en** au radical. La voyelle du radical du verbe au singulier est différente de celle de l'infinitif et des formes du pluriel, sauf pour **sollen**.

	dürfen	**können**	**mögen**
ich	darf	kann	mag
du	darfst	kannst	magst
er/sie/es	darf	kann	mag
wir	dürfen	können	mögen
ihr	dürft	könnt	mögt
Sie/sie	dürfen	können	mögen

	müssen	sollen	wollen
ich	muss	soll	will
du	musst	sollst	willst
er/sie/es	muss	soll	will
wir	müssen	sollen	wollen
ihr	müsst	sollt	wollt
Sie/sie	müssen	sollen	wollen

ii) Le prétérit

Le prétérit se forme avec les mêmes terminaisons que les verbes faibles (-te) (voir page 107), mais il y a un changement de voyelle, sauf pour sollen et wollen :

	dürfen	können	mögen
ich	durfte	konnte	mochte
du	durftest	konntest	mochtest
er/sie/es	durfte	konnte	mochte
wir	durften	konnten	mochten
ihr	durftet	konntet	mochtet
Sie/sie	durften	konnten	mochten
	müssen	**sollen**	**wollen**
ich	musste	sollte	wollte
du	musstest	solltest	wolltest
er/sie/es	musste	sollte	wollte
wir	mussten	sollten	wollten
ihr	musstet	solltet	wolltet
Sie/sie	mussten	sollten	wollten

Vous noterez le changement de consonne de mögen.

iii) Le parfait (ou passé composé) et le plus-que-parfait

Le parfait et le plus-que-parfait se forment avec haben. Lorsque les six verbes de modalité s'emploient dans leur fonction la plus courante avec un verbe principal, on emploie l'infinitif au lieu du participe passé. Par exemple :

ich	habe/hatte... gehen dürfen (*double infinitif*)
du	hast/hattest... gehen dürfen
er/sie/es	hat/hatte... gehen dürfen
wir	haben/hatten... gehen dürfen
ihr	habt/hattet... gehen dürfen
Sie/sie	haben/hatten... gehen dürfen

Les verbes de modalité ont aussi un participe passé régulier formé sur le même modèle que le participe passé des verbes faibles. Cependant, les verbes de modalité ayant une inflexion la perdent au participe passé :

gedurft gekonnt gemocht gemusst gesollt gewollt

Cette forme s'emploie quand le verbe de modalité n'est pas l'auxiliaire d'un autre verbe :

er hat sie früher sehr gemocht
il l'aimait bien à l'époque

Il existe une autre forme de parfait construite à partir des verbes de modalité à l'indicatif présent et de l'infinitif passé du verbe, c'est-à-dire le participe passé + **sein** ou **haben** à l'infinitif :

ich kann... gesehen haben	ich muss... gefahren sein
du kannst... gesehen haben	du musst... gefahren sein
etc.	

Pour la différence entre ces deux formes, voir pages 153-4.

iv) Le futur

Le futur se construit avec **werden** au présent + l'infinitif du verbe principal + l'infinitif du verbe de modalité. Par exemple :

ich	werde... kommen können
du	wirst... kommen können
er/sie/es	wird... kommen können
wir	werden... kommen können
ihr	werdet... kommen können
Sie/sie	werden... kommen können

v) Le futur antérieur

Le futur antérieur se construit avec **werden** au présent + l'infinitif passé du verbe principal + l'infinitif du verbe de modalité. Cette forme assez lourde n'est pratiquement jamais employée. À une phrase telle que :

sie glaubt nicht, dass ich es bis morgen werde geschrieben haben können

on préfère, comme en français, une forme plus simple :

sie glaubt nicht, dass ich es bis morgen geschrieben habe
elle ne croit pas que je l'aurai écrit demain

vi) Le subjonctif présent ou subjonctif I

Le subjonctif présent se construit en ajoutant les terminaisons suivantes au radical du verbe à l'infinitif : **-e**, **-est**, **-e**, **-en**, **-et**, **-en** :

ich	könne
du	könnest
er/sie/es	könne
wir	können
ihr	könnet
Sie/sie	können

vii) Le subjonctif prétérit ou subjonctif II

Le subjonctif prétérit a la même forme que le prétérit de l'indicatif. Cependant, les verbes de modalité dont la voyelle du radical a une inflexion portent aussi cette inflexion au subjonctif prétérit :

	können	**mögen**	**wollen**
ich	könnte	möchte	wollte
du	könntest	möchtest	wolltest
er/sie/es	könnte	möchte	wollte
wir	könnten	möchten	wollten
ihr	könntet	möchtet	wolltet
Sie/sie	könnten	möchten	wollten

Vous noterez le changement de consonne de **mögen**.

viii) Le subjonctif passé composé

Il existe deux formes de subjonctif passé composé.

L'une se construit avec **haben** au subjonctif I (présent) + l'infinitif du verbe principal + l'infinitif du verbe de modalité :

ich	habe... sehen können (*double infinitif*)
du	habest... sehen können
er/sie/es	habe... sehen können
wir	haben... sehen können
ihr	habet... sehen können
Sie/sie	haben... sehen können

L'autre se construit avec le verbe de modalité au subjonctif I + l'infinitif passé du verbe principal (voir page 113) :

ich	könne... gesehen haben	müsse... gefahren sein
du	könnest... gesehen haben	müssest... gefahren sein
er/sie/es	könne... gesehen haben	müsse... gefahren sein
wir	können... gesehen haben	müssen... gefahren sein
ihr	könnet... gesehen haben	müsset... gefahren sein
Sie/sie	können... gesehen haben	müssen... gefahren sein

ix) Le subjonctif plus-que-parfait

Il existe deux formes de subjonctif plus-que-parfait.

L'une se construit avec **haben** au subjonctif II (prétérit) + l'infinitif du verbe principal + l'infinitif du verbe de modalité :

ich	hätte... sehen können (*double infinitif*)
du	hättest... sehen können
er/sie/es	hätte... sehen können
wir	hätten... sehen können
ihr	hättet... sehen können
Sie/sie	hätten... sehen können

L'autre se construit avec le verbe de modalité au subjonctif II + l'infinitif passé du verbe principal (voir page 113) :

ich	könnte... gesehen haben	müsste... gefahren sein
du	könntest... gesehen haben	müsstest... gefahren sein
er/sie/es	könnte... gesehen haben	müsste... gefahren sein
wir	könnten... gesehen haben	müssten... gefahren sein
ihr	könntet... gesehen haben	müsstet... gefahren sein
Sie/sie	könnten... gesehen haben	müssten... gefahren sein

d) *Les verbes faibles irréguliers*

i) Certains verbes ont une conjugaison faible, mais la voyelle **e** de leur radical à l'infinitif et au présent devient **a** au prétérit et au participe passé. À part ce changement de voyelle, ces verbes se conjuguent comme des verbes faibles réguliers. Ils sont au nombre de quatre : **brennen** (*brûler*), **kennen** (*connaître*), **nennen** (*nommer*), **rennen** (*courir*). Par exemple:

INFINITIF	PRÉSENT	PRÉTÉRIT	PARTICIPE PASSÉ
brennen	ich brenne	ich brannte	gebrannt
kennen	ich kenne	ich kannte	gekannt

Le subjonctif II est lui aussi irrégulier dans la mesure où il ne correspond pas au prétérit de l'indicatif : ich brennte, ich kennte, etc.

ii) Les deux verbes suivants, qui ont les mêmes caractéristiques, peuvent aussi avoir un prétérit et un participe passé faible régulier :

INFINITIF	PRÉSENT	PRÉTÉRIT	PARTICIPE PASSÉ
senden	ich sende	ich sandte ich sendete	gesandt gesendet
wenden	ich wende	ich wandte ich wendete	gewandt gewendet

Ils n'ont qu'une seule forme au subjonctif II qui est la même que l'indicatif prétérit faible régulier.

Vous noterez la différence de sens de **senden** :

senden (*verbe faible régulier*) = *diffuser*
(*verbe faible irrégulier*) = *envoyer*

Les deux formes peuvent s'employer pour la plupart des sens de **wenden**, la forme avec le changement de voyelle étant un peu plus littéraire.

iii) Les verbes **bringen** (*apporter*) et **denken** (*penser*) subissent tous les deux un changement de voyelle et de consonne dans le radical au prétérit et au participe passé, mais ils ont une conjugaison faible :

INFINITIF	PRÉSENT	PRÉTÉRIT	PARTICIPE PASSÉ
bringen	ich bringe	ich brachte	gebracht
denken	ich denke	ich dachte	gedacht

Le subjonctif II est : **ich brächte, ich dächte**, etc.

iv) Le verbe **wissen** (*savoir*) a les mêmes formes que les verbes de modalité aux temps principaux :

	PRÉSENT	PRÉTÉRIT	SUBJONCTIF I (PRÉSENT)	SUBJONCTIF II (PRÉTÉRIT)
ich	weiß	wusste	wisse	wüsste
du	weißt	wusstest	wissest	wüsstest
er/sie/es	weiß	wusste	wisse	wüsste
wir	wissen	wussten	wissen	wüssten
ihr	wisst	wusstet	wisset	wüsstet
Sie/sie	wissen	wussten	wissen	wüssten

PARTICIPE PASSÉ

gewusst

v) Un petit nombre de verbes ont soit une conjugaison faible, soit une conjugaison forte, avec parfois une différence de sens entre les deux formes. Beaucoup ne s'emploient pas dans le langage courant, mais vous trouverez ci-dessous les formes des deux verbes les plus utilisés :

bewegen (bewegte, bewegt) = *mouvoir*
bewegen (bewog, bewogen) = *inciter*

schaffen (schaffte, geschafft) = *faire, accomplir*
schaffen (schuf, geschaffen) = *créer*

vi) Certains verbes ont une combinaison de formes faibles et fortes :

mahlen – mahlte – gemahlen
salzen – salzte – gesalzen

Dans certains cas, la forme faible moderne l'emporte sur la forme forte autrefois employée :

backen – backte (autrefois : buk) – gebacken

B REMARQUES SUR LA FORME DES VERBES

1 La formation des temps composés avec **haben** ou **sein**

a) On emploie **haben** :

i) avec tous les verbes transitifs, c'est-à-dire les verbes qui ont un complément d'objet direct :

er hat die Wurst gegessen
il a mangé la saucisse

Ceci s'applique aussi lorsque le verbe n'est pas accompagné du complément d'objet direct :

er hat schon gegessen
il a déjà mangé

Remarque :

Les verbes construits à partir d'un verbe qui prend normalement l'auxiliaire **sein** et d'un préfixe font exception à cette règle :

sie ist ihren Husten noch nicht losgeworden
elle ne s'est pas encore débarrassée de sa toux

ii) avec des verbes intransitifs, à part ceux qui expriment un changement d'état ou un mouvement (voir b) i) ci-contre) :

du hast aber fleißig gearbeitet
tu as travaillé dur

sie haben sehr schön gesungen
ils ont très bien chanté

iii) avec tous les verbes réfléchis :

hast du dich schon gewaschen?
est-ce que tu t'es déjà lavé ?

iv) avec les verbes de modalité :

mein Sohn hat den Film nicht sehen können (*double infinitif*)
mon fils n'a pas pu voir le film

das habe ich nicht gewollt
ce n'est pas ce que je voulais

solche Musik habe ich immer gemocht
j'ai toujours aimé ce genre de musique

v) avec des verbes impersonnels :

es hat geregnet
il a plu

sauf :

gelingen	**misslingen**	**glücken**	**missglücken**
geschehen	**passieren**	**vorkommen**	**widerfahren**

es ist ihm gelungen
il a réussi

es ist schon passiert, dass...
il est déjà arrivé que...

sauf dans les expressions impersonnelles comprenant un verbe qui se conjugue normalement avec **sein** :

wie ist es dir ergangen?
comment t'es-tu débrouillé ?

b) On emploie **sein** :

i) avec des verbes intransitifs exprimant un changement de lieu, d'état ou de situation. Les verbes de cette catégorie les plus employés sont les verbes exprimant un déplacement d'un lieu à un autre :

sie ist nach Hause gegangen
elle est partie chez elle

das Geld ist verschwunden
l'argent a disparu

das Haus ist abgebrannt
la maison a brûlé

ii) avec les verbes mentionnés comme exceptions dans la section a) v) ci-dessus, employés dans un sens impersonnel ou pas :

der Plan ist missglückt
le plan a échoué

iii) avec **sein** et **werden** dans chacun de leurs emplois :

das wäre besser gewesen
ça aurait été préférable

die Milch ist sauer geworden
le lait a tourné

iv) avec **bleiben** :

gestern sind wir zu Hause geblieben
hier, on est resté à la maison

c) Les verbes qui prennent soit **sein** soit **haben** :

i) Vous noterez que le parfait de beaucoup de verbes de mouvement se construit avec **sein** ou **haben**, suivant leur sens. Les verbes exprimant un mouvement d'un point à un autre se conjuguent avec **sein**, mais lorsque l'idée de passer d'un endroit à un autre n'est pas indiqué, on emploie **haben**. Comparez :

sie **sind** nach Griechenland **gesegelt**
ils sont allés en Grèce en voilier

im Urlaub **hat** er jeden Tag **gesegelt**
pendant les vacances, il a fait de la voile tous les jours

Mais on a aujourd'hui tendance à ne pas faire cette distinction :

wir **sind** über den See **geschwommen**
nous avons traversé le lac à la nage

et :

wir **sind** den ganzen Tag **geschwommen**
nous nous sommes baignés toute la journée

au lieu de :

wir **haben** den ganzen Tag **geschwommen**
nous nous sommes baignés toute la journée

Cette dernière phrase est cependant tout à fait correcte.

Les verbes pour lesquels la distinction d'emploi entre **sein** et **haben** est normalement conservée, sont :

paddeln
faire du canoë

reiten
faire du cheval

rudern
ramer

segeln
faire de la voile

tanzen
danser

ii) Certains verbes de mouvement peuvent s'employer soit de manière transitive, soit de manière intransitive. Dans le premier cas, ils se conjuguent avec **haben** et dans le second, avec **sein** :

gestern **hat** er den Wagen **gefahren** (*transitif*)
hier, il a conduit la voiture

sie ist nach Hause gefahren (*intransitif*)
elle est rentrée chez elle en voiture

er hat das Rohr gebogen (*transitif*)
il a tordu le tuyau

sie ist um die Ecke gebogen (*intransitif*)
elle a tourné au coin de la rue

iii) Notez aussi :

er ist mir gefolgt
il m'a suivi

er hat mir gefolgt
il m'a obéi

der See ist gefroren
le lac est gelé

ich habe gefroren
j'étais gelé

iv) Les verbes liegen, sitzen et stehen se conjuguent avec haben dans le nord de l'Allemagne et avec sein dans le sud de l'Allemagne et en Autriche.

2 L'ordre des infinitifs et des participes passés

a) Pour les temps formés avec un auxiliaire (sein, haben, werden) ou un verbe de modalité, l'auxiliaire ou le verbe de modalité se placent en deuxième position dans la phrase, tandis que le participe passé et/ou l'infinitif se placent en fin de phrase :

wir sind gestern gefahren
nous avons fait la route hier

das kann ich nicht sagen
je ne peux pas le dire

es wird gerade gebaut
on est en train de la construire

b) S'il y a un participe passé et un infinitif, le participe passé se place devant :

sie werden früher gefahren sein
ils ont dû partir plus tôt

c) L'infinitif des verbes de modalité employé comme participe passé et le participe passé de werden se placent après l'infinitif ou le participe passé du verbe principal :

das hättest du voraussehen können
tu aurais pu prévoir ça

es ist noch nicht gebaut worden
ça n'a pas encore été construit

d) À la voix passive du futur antérieur, le participe passé est suivi de **worden** et **sein** :

es wird sicher bis Montag gefunden worden sein
il aura sûrement été trouvé avant lundi

e) Au futur antérieur employé avec un verbe de modalité, le participe passé est suivi de l'infinitif de **sein** ou **haben**, puis de l'infinitif du verbe de modalité :

er wird es gefunden haben müssen
il aura dû l'avoir trouvé

Ces deux dernières formes – celles expliquées aux points d) et e) – sont souvent considérées comme peu élégantes (voir page 121).

f) Ordre particulier dans la proposition subordonnée :

Lorsque l'on trouve deux infinitifs dans une subordonnée, le verbe conjugué se place juste devant :

weißt du, dass ich dich habe kommen sehen? (*double infinitif*)
sais-tu que je t'ai vu venir ?

er sagte, dass er mich nicht hat verstehen können (*double infinitif*)
il a dit qu'il n'avait pas pu me comprendre

3 Les particules

a) *Les particules inséparables*

be- emp- ent- er- ge- miss- ver- wider- zer-

Elles ne sont pas accentuées et ne sont jamais séparées du verbe. Les verbes commençant par l'une de ces particules ne prennent pas le préfixe **ge-** au participe passé :

empfehlen *recommander*	**empfohlen** *recommandé*

b) *Les particules séparables*

i) Toutes les autres particules sont séparables, à l'exception du groupe mentionné au point c) ci-contre. Lorsqu'elles sont rattachées au verbe, elles sont accentuées.

Dans les affirmations, les questions ou les ordres, ces particules sont séparées du verbe et se placent à la fin de la proposition. Ceci ne s'applique pas aux subordonnées où le verbe conjugué est aussi placé à la fin de la proposition et où le verbe et la particule sont rattachés :

kommst du **mit**?
tu viens ?

kommen Sie **mit**!
venez avec nous !

mais : du hast gesagt, dass du **mit**kommst
tu as dit que tu viendrais

sie fangen **an**
ils commencent

mais : weißt du, wann sie **an**fangen?
est-ce que tu sais quand ils commencent?

ii) Le participe passé des verbes à particule séparable se forme en intercalant le **-ge-** entre la particule et le radical du verbe :

an|fangen – an**ge**fangen   bei|bringen – bei**ge**bracht

iii) Lorsqu'un verbe à particule séparable est à l'infinitif et qu'il est employé avec **zu**, le **zu** s'intercale entre la particule et le radical du verbe :

er versuchte, den Weg ab**zu**kürzen
il a essayé de prendre un raccourci

um die Zeit gut aus**zu**nutzen
afin de bien utiliser son temps

c) *Les particules séparables ou inséparables*

durch-   hinter-   über-   um-   unter-   wider-   voll-

Dans la plupart des cas, le verbe a un sens différent suivant que la particule est séparable ou inséparable. Comparez les deux exemples suivants :

der Gärtner **gräbt** den Dung **unter**
le jardinier enfouit le fumier

er **untergräbt** seine Gesundheit
il se ruine la santé

En règle générale, le verbe à particule séparable a un sens concret, tandis que le verbe à particule inséparable a un sens abstrait.

La particule **wieder** est toujours séparable, sauf dans **wiederholen** au sens de "répéter" :

ich habe sie nie wieder gesehen
je ne l'ai jamais revue

sie wiederholten die Lektion
ils ont répété la leçon

d) *Double particule*

i) Pour les verbes qui ont une particule inséparable et auxquels on ajoute une particule séparable (ab-berufen par exemple), la particule séparable reste séparable. Le zu s'intercale entre la particule séparable et la particule inséparable, mais on omet ge- au participe passé :

die Regierung beruft ihren Botschafter ab
le gouvernement rappelle son ambassadeur

die Regierung droht, ihren Botschafter abzuberufen
le gouvernement menace de rappeler son ambassadeur

der Botschafter wurde abberufen
l'ambassadeur a été rappelé

ii) Lorsqu'un verbe est composé d'une particule inséparable et d'une particule séparable (be-ab-sichtigen par exemple), les deux particules deviennent inséparables :

er beabsichtigt, morgen nach Köln zu fahren
il a l'intention d'aller à Cologne demain

C L'EMPLOI DES TEMPS

1 Le présent

a) Le présent s'emploie :

i) pour exprimer une action ou un état dans le présent :

ich fühle mich schlecht
je me sens mal

der Arzt gibt mir eine Spritze
le docteur me fait une piqûre

ii) pour exprimer une affirmation d'ordre général ou une vérité universelle :

Sabine hört gern Rockmusik
Sabine aime écouter de la musique rock

Zeit ist Geld
le temps, c'est de l'argent

iii) pour exprimer des intentions fermes, des refus et des ordres à la place de l'impératif :

ich **mache** das
je vais le faire

ich **bleibe** keine Minute länger hier!
je ne resterai pas une minute de plus ici !

das Auto **springt** nicht an
la voiture ne veut pas démarrer

du **gehst** sofort ins Bett!
tu vas aller au lit tout de suite !

b) En allemand, le présent exprime très souvent un futur (comme c'est parfois le cas en français). Il est alors accompagné, dans la plupart des cas, d'un adverbe ou d'un complément circonstanciel de temps :

ich **bin** **gleich** zurück
je serai de retour dans une minute

nächste Woche **ist** alles vorbei
tout sera terminé dans une semaine

der Flugzeug **startet** **morgen früh** um 9
l'avion part demain matin à 9 heures

c) Comme en français, **seit** ou **seitdem** sont accompagnés du présent :

seit(dem) er diese Tabletten **nimmt**, geht es ihm viel besser
depuis qu'il prend ces comprimés, il va beaucoup mieux

er **wartet** seit 10 Uhr
il attend depuis 10 heures

d) On emploie aussi, en allemand écrit et parlé, le présent dit de narration pour rapporter des événements passés :

ich **liege** auf der Couch – da **kommt** der Peter und **gießt** mir Wasser über den Kopf
je suis allongé sur le divan lorsque Peter arrive et me verse de l'eau sur la tête

On l'emploie aussi dans les titres de journaux et pour faire référence à des événements historiques :

DER PRÄSIDENT **BESUCHT** BERLIN
LE PRÉSIDENT VISITE BERLIN

1814: Napoleon **entkommt** aus der Haft
1814 : Napoléon s'échappe

2 Le prétérit

a) Le prétérit est le temps du récit (histoires, romans, articles de journaux). Il correspond au passé simple et à l'imparfait en français :

er **ging** die Straße entlang
il marcha le long de la route

jedes Jahr **besuchten** sie München
ils visitaient Munich tous les ans

b) Le prétérit est le temps le plus employé (pas autant dans le sud de l'Allemagne) avec **sein**, **haben** et les verbes de modalité lorsqu'ils font référence au passé :

das **war** Klasse!
c'était super !

ich **konnte** es kaum glauben
je pouvais à peine le croire

c) **Seit(dem)** est suivi du prétérit :

seit(dem) er in Hamburg **wohnte**, hatte er...
depuis qu'il habitait à Hambourg, il avait...

3 Le parfait ou passé composé

Le parfait est le temps employé dans la conversation lorsque l'on parle du passé (à l'exception de **sein**, **haben** et les verbes de modalité, comme mentionné en 2b) ci-dessus) :

hast du ihn **gesehen**?
tu l'as vu ?

wann **ist** sie **angekommen**?
quand est-elle arrivée ?

Cependant, cela ne veut pas dire que l'on ne peut pas employer le prétérit dans la conversation. Si par exemple, on fait référence à une série d'événements, il est bon d'employer le prétérit (c'est comme si l'on racontait une histoire). Mais pour des phrases employées seules, comme les deux exemples ci-dessus, l'emploi du prétérit paraîtrait étrange.

Le **participe passé ne s'accorde pas** en allemand ; il reste invariable.

4 Le plus-que-parfait

Le plus-que-parfait s'emploie pour faire référence à des événements qui ont précédé un moment précis du passé :

als sie das getan hatte,...
quand elle avait fait ça,...

nachdem wir den Film gesehen hatten, gingen wir ins Café
après avoir vu le film, nous sommes allés dans un café

5 Le futur et le futur antérieur

a) Le futur s'emploie pour exprimer des faits qui se produiront dans l'avenir. On l'emploie moins souvent qu'en français (voir page 133). Le futur comme dans :

ich werde ihn am Bahnhof treffen
je le rencontrerai à la gare

s'exprime souvent par le présent en allemand :

ich treffe ihn am Bahnhof
je le recontre(rai) à la gare

b) On l'emploie aussi pour exprimer une supposition concernant le présent :

er hört mich nicht, er wird das Radio an haben
il ne m'entend pas, sa radio doit être allumée

c) Le futur antérieur s'emploie pour faire référence à une action qui sera accomplie à un certain point du futur :

ich werde das Buch bis Montag gelesen haben
j'aurai lu le livre lundi

Il est aussi couramment employé pour exprimer une supposition comme dans le point b) ci-dessus :

sie werden es vergessen haben
ils l'auront oublié

6 Le passif

Au passif, le sujet n'accomplit pas l'action mais la subit. Pour mettre une phrase active ("tous les associés ont signé le contrat") à la voix passive, il faut que le complément d'objet direct devienne le sujet du verbe ("le contrat a été signé par tous les associés").

a) Il existe deux voix passives en allemand : le passif-action et le passif-état. Le premier (construit avec werden + participe passé) insiste sur l'action qui a été accomplie, tandis que le second (construit avec **sein** + participe passé) indique le résultat de l'action accomplie :

die Vase **wurde zerbrochen**
le vase a été cassé

die Vase **ist zerbrochen**
le vase est cassé

Lorsque le complément d'agent est mentionné (celui par qui l'action a été accomplie), il faut employer le passif qui se forme avec **werden**. Comparez les deux exemples suivants :

diese Wohnungen **werden** **von der Stadt** **gebaut**
ces appartements sont construits par la municipalité

unser Haus **ist** schon **gebaut**
notre maison est déjà construite

b) Les verbes se construisant avec le datif ou ceux suivis d'une préposition ne peuvent pas former leur passif de cette manière. On évite donc en général la voix passive. Par exemple :

zwei Privatdetektive **sind** ihm **gefolgt**
il a été suivi par deux détectives privés

Lorsqu'un passif s'emploie avec de tels verbes, vous noterez la différence de traduction avec le français :

mir wurde gesagt...
on m'a dit...

dir ist verboten worden,...
on t'a interdit de...

c) Les verbes intransitifs peuvent s'employer au passif à la forme impersonnelle, le complément d'agent n'étant en général pas mentionné :

es **wurde getanzt**
on a dansé

hier wird **zu viel** geredet!
on parle trop ici !

d) Le complément d'agent (sujet du verbe à la voix active) est habituellement introduit par la préposition **von** :

er wurde **von seinem besten Freund** betrogen
il a été trahi par son meilleur ami

La préposition **durch** s'emploie le plus souvent lorsque l'agent n'est pas une personne :

die Ernte wurde **durch Hagel** vernichtet
la récolte a été déruite par la grêle

ich wurde **durch den Verkehr** aufgehalten
j'ai été retenu par la circulation

e) Vous noterez l'emploi de **man** (*on*) à la place de la voix passive :

es war völlig vergessen worden
ceci avait été complètement oublié

qui devient ainsi :

man hatte es völlig vergessen
on l'avait complètement oublié

f) Le passif peut également s'exprimer par **lassen** (voir aussi page 241) :

das lässt sich machen
ça peut se faire

g) L'infinitif + **zu** peut également exprimer une idée passive :

wie ist das **zu erklären**?
comment cela s'explique-t-il ?

er war nicht **zu verstehen**
on ne pouvait pas le comprendre

diese Arbeit ist bis morgen **zu erledigen**
= diese Arbeit muss bis morgen erledigt werden
ce travail est à faire pour demain

h) On peut aussi employer **bekommen** + participe passé :

jeder **hat** ein Buch **geschenkt bekommen**
= ein Buch ist jedem geschenkt worden
on a offert un livre à chacun

i) Le passif peut avoir le sens d'un impératif :

jetzt **wird geschlafen**!
vous allez dormir maintenant !

7 L'impératif

a) L'impératif s'emploie pour donner un ordre, demander quelque chose ou faire une suggestion :

bleiben Sie stehen!
arrêtez !

komm doch **her**!
viens ici !

sieh dir den kleinen Bengel **an**!
regarde ce petit coquin !

hören Sie nicht **auf**!
ne vous arrêtez pas !

b) Pour une suggestion, on emploie l'impératif avec **wir** :

machen wir es uns gemütlich!
mettons-nous à l'aise

gehen wir!
allons-y !

c) L'infinitif peut s'employer à la place de l'impératif pour exprimer un ordre :

links fahren!
roulez à gauche

nicht hinauslehnen!
ne pas se pencher dehors

8 Le subjonctif

a) Bien que certaines formes du subjonctif appartiennent au langage très formel (et qu'il soit souvent remplacé par l'indicatif ou la forme avec würde), il est couramment employé en allemand :

i) dans la conversation pour exprimer une condition, ainsi qu'avec les verbes de modalité

ii) dans un niveau de langue soutenu, aux informations ou dans un discours rapporté.

Le subjonctif exprime l'incertitude, l'improbabilité ou l'irréel. Ainsi, on l'emploie dans des conditions, pour rendre ce qui aurait pu ou pourrait se produire. On l'emploie aussi au discours indirect, pour rapporter ce qui a été dit par une autre personne, le locuteur n'étant pas certain de la véracité des paroles rapportées.

b) L'emploi du subjonctif dans les conditions :

i) Une phrase contenant une condition se compose d'une principale et d'une subordonnée introduite par “si” (wenn). Lorsque la subordonnée conditionnelle est au présent, la principale ne se met pas au subjonctif. Ce genre de phrase rapporte ce qui se passera si une condition est remplie :

wenn es morgen regnet, arbeite ich zu Hause
s'il pleut demain, je travaillerai à la maison

ii) Les conditions avec une principale au subjonctif II et une subordonnée introduite par wenn suggèrent que la condition ne va vraisemblablement pas se réaliser :

wenn ich mehr Zeit hätte, ginge ich öfter spazieren
si j'avais plus de temps, j'irais me promener plus souvent

iii) L'emploi de la forme avec würde :

On peut remplacer le verbe de l'exemple ci-dessus par la forme avec würde (“le conditionnel”) :

wenn ich mehr Zeit hätte, würde ich öfter spazieren gehen

On n'emploie généralement pas **würde** avec les verbes **sein** et **haben**.

Il est possible d'omettre le **wenn**. Il y a alors inversion du sujet et du verbe dans la subordonnée :

hätte ich mehr Zeit, ginge ich öfter spazieren

iv) Les conditions au subjonctif plus-que-parfait dans les deux propositions font référence à des faits qui auraient pu se produire mais qui n'ont pas eu lieu :

wenn sie mich **gefragt hätte**, **hätte** ich ihr das Geld **geliehen**
si elle me l'avait demandé, je lui aurais prêté l'argent

On pourrait aussi employer les formes avec **würde**, bien que cet usage soit moins courant.

v) Une proposition au subjonctif introduite par **wenn** peut s'employer seule au sens de "si seulement" :

wenn es nur schon Weihnachten **wäre**
si seulement c'était Noël

c) Le subjonctif avec **als ob** et **als** :

La construction avec **als ob** ou **als** + verbe (*comme si*) exprime quelque chose que l'on considère incertain ou trompeur. Elle se met normalement au subjonctif, bien que l'on puisse la trouver à l'indicatif dans la langue parlée :

er tut, **als ob** er uns nicht **gesehen hätte**
er tut, **als hätte** er uns nicht **gesehen**
il fait comme s'il ne nous avait pas vus

d) Le subjonctif peut s'employer seul dans une principale pour des instructions en mathématiques ou dans une recette de cuisine :

x **sei** gleich 50
soit x égal à 50

man **nehme** fünf Eier
prenez cinq œufs

et avec **leben** lorsqu'il signifie "vive !" et "un ban pour !" :

es **lebe** die Revolution!
vive la révolution !

Joachim **lebe** hoch!
un ban pour Joachim !

e) On peut aussi employer le subjonctif pour nuancer des questions et des demandes en les rendant ainsi plus polies :

ich hätte eine Frage
j'aurais une question

hätten Sie fünf Minuten für mich?
auriez-vous cinq minutes à m'accorder ?

f) Le subjonctif peut s'employer pour exprimer une suggestion dans l'expression wie wäre es mit...? (*qu'est-ce que tu dirais de... ?*) :

wie wär's mit einem Glas Wein?
qu'est-ce que tu dirais d'un verre de vin ?

g) Pour les emplois idiomatiques des verbes de modalité, voir la section sur les verbes de modalité, pages 149-54.

9 Le discours indirect

a) Le discours indirect s'emploie lorsqu'une déclaration ou une question est rapportée dans une proposition subordonnée :

il a dit : "j'irai là-bas" → il a dit qu'il irait là-bas

Le discours indirect apparaît normalement après un verbe qui permet d'exprimer une affirmation ou une question : äuern (*déclarer*), behaupten (*affirmer*), fragen (*demander*), meinen (*croire, penser*), sagen (*dire*), etc.

Remarque :

En allemand, de telles propositions sont les seules dans lesquelles on peut omettre dass. Si dass est omis, l'ordre des mots est le même que dans une phrase simple :

er sagte, dass er kommen würde
il a dit qu'il viendrait

er sagte, er würde kommen
il a dit qu'il viendrait

b) Le discours indirect sans le subjonctif :

En allemand, on transforme normalement le discours direct en discours indirect en employant le subjonctif. Mais si le verbe qui introduit la subordonnée est au présent, c'est l'indicatif qui est le plus couramment employé :

er sagt, dass er kommt
il dit qu'il vient

En allemand familier, on évite souvent le subjonctif et on conserve l'indicatif du discours direct :

er hat gesagt, dass er kommt
il a dit qu'il viendrait

c) Le discours indirect avec le subjonctif :

Le choix du temps au discours indirect dépend du temps employé au discours direct d'origine, comme le montrent le tableau et les exemples suivants :

INDICATIF AU DISCOURS DIRECT	SUBJONCTIF AU DISCOURS INDIRECT
présent	présent ou prétérit
prétérit, passé composé, plus-que-parfait	passé composé, plus-que-parfait
futur	futur, **würde** + infinitif

Exemples :

ich **finde** es schwierig *je trouve ça difficile*	er hat gesagt, er **finde/fände** es schwierig *il a dit qu'il trouvait ça difficile*
ich **fand** es schwierig ich **habe** es schwierig **gefunden** *j'ai trouvé ça difficile* ich **hatte** es schwierig **gefunden** *j'avais trouvé ça difficile*	er hat gesagt, er **habe/hätte** es schwierig **gefunden** *il a dit qu'il avait trouvé ça difficile*
ich **werde** es schwierig **finden** *je trouverai ça difficile*	er hat gesagt, er **werde/würde** es schwierig **finden** *il a dit qu'il trouverait ça difficile*

d) Le choix du temps du subjonctif au discours indirect :

- Allemand écrit

En allemand écrit, on emploie de préférence le subjonctif présent, le subjonctif passé composé et le subjonctif futur (la première possibilité donnée dans la colonne de droite des exemples ci-dessus).

Cependant, il y a exception lorsque la forme du subjonctif est identique à celle de l'indicatif remplacée. Dans de tels cas, c'est la deuxième possibilité donnée dans la colonne de droite des exemples de la page 141 que l'on emploie pour lever toute ambiguïté :

sie sagten, sie fänden (et non finden) es schwierig

sie sagten, sie hätten (et non haben) es schwierig gefunden

sie sagten, sie würden (et non werden) es schwierig finden

Si le présent et le prétérit du subjonctif ont la même forme qu'à l'indicatif, on emploie de préférence le subjonctif prétérit :

sie sagten, sie arbeiteten (et non arbeiten) fleißig

- Allemand parlé

En allemand parlé, on emploie de préférence le subjonctif prétérit, le plus-que-parfait et la forme würde + infinitif (la deuxième possibilité donnée dans la colonne de droite des exemples de la page 141).

La forme würde + infinitif s'emploie couramment à la place du subjonctif prétérit (sauf avec sein et haben) :

sie sagte: "ich wohne hier" → sie sagte, sie würde hier wohnen
elle a dit : "j'habite ici" → elle a dit qu'elle habitait là

10 L'emploi de l'infinitif

L'infinitif peut s'employer directement avec certains verbes sans y être relié par d'autres mots ; dans tous les autres cas, il est accompagné de zu avec des verbes, des noms et des locutions adjectivales.

a) *L'infinitif sans* zu

L'infinitif s'emploie sans zu avec les verbes de modalité, avec certains verbes de perception ou avec des verbes exprimant une cause ou donnant une instruction :

dürfen	*pouvoir, avoir la permission/le droit de*
können	*pouvoir, être capable de*
mögen	*aimer, désirer, vouloir*
müssen	*devoir, être obligé de*
sollen	*devoir, être obligé moralement de*

wollen	*vouloir, avoir l'intention de*
fühlen	*sentir*
hören	*entendre*
sehen	*voir*
spüren	*ressentir*
heißen	*ordonner*
lassen	*faire, permettre de*
machen	*faire*
helfen	*aider*
lehren	*enseigner*
lernen	*apprendre*

i) Les verbes de modalité :

ich darf das nicht tun
je n'ai pas le droit de faire ça

sie wollen es gesehen haben
ils prétendent l'avoir vu

das muss heute getan werden
ceci doit être fait aujourd'hui

ii) Les verbes de perception, de causalité et ceux qui permettent de donner une instruction sont normalement accompagnés d'un complément d'objet (au datif avec helfen) ainsi que d'un infinitif :

er fühlte sein Herz schlagen
il sentit son cœur battre

hörst du ihn kommen?
tu l'entends venir ?

ich sah ihn fallen
je l'ai vu tomber

er spürte eine Wut in sich aufsteigen
il sentit sa colère monter

er hieß die Soldaten warten (*allemand littéraire*)
il ordonna aux soldats d'attendre

sie ließ die Schüler früh nach Hause gehen
elle permit aux enfants de rentrer tôt chez eux

Montag lasse ich den Wagen waschen
je ferai laver la voiture lundi

das machte uns lachen
cela nous a fait rire

sie haben mir aufräumen geholfen
ils m'ont aidé à ranger

wer hat dich schwimmen gelehrt?
qui t'a appris à nager ?

er **lernt** gerade Auto **fahren**
il apprend à conduire

Remarque :

Lorsque **helfen**, **lehren** et **lernen** sont suivis d'un infinitif qui a son propre complément d'objet ou qui est accompagné d'un adverbe, on a tendance à employer **zu**. Comparez les deux exemples suivants :

der Blindenhund **hilft** ihm **gehen**
le chien d'aveugle l'aide à marcher

der Blindenhund **hilft** ihm, die Straße **zu überqueren**
le chien d'aveugle l'aide à traverser la rue

iii) L'infinitif après **lassen** (et moins couramment avec **sehen**, **hören** et **heißen**) a souvent un sens passif :

er ließ das Zimmer streichen
il a fait peindre la pièce

Comparez cet exemple avec l'emploi suivant de **lassen** :

er ließ mich das Zimmer streichen
il m'a fait peindre la pièce

Pour **lassen** employé comme verbe réfléchi, voir page 159.

iv) Après **bleiben**, les verbes de position sont à l'infinitif sans **zu** :

bleib sitzen!
reste assis

er blieb auf dem Boden liegen
il restait couché sur le sol

v) Le verbe **brauchen** s'emploie normalement avec **zu** + infinitif en allemand courant, mais on l'emploie aussi parfois sans **zu**, particulièrement en allemand parlé :

das brauchst du nicht an(zu)nehmen
tu n'as pas besoin de l'accepter

vi) Les verbes **kommen**, **gehen** et **schicken** s'emploient sans **zu** avec des verbes qui expriment une activité :

kommst du morgen schwimmen?
tu viens nager demain ?

sie hat die Kinder einkaufen geschickt
elle a envoyé les enfants faire les courses

Remarque :

Attention aux deux points suivants :

- Lorsque **heißen**, **lassen**, **sehen** et **hören** sont accompagnés d'un autre infinitif (voir iii) ci-contre), on emploie alors normalement leur infinitif (**heißen**, **lassen**, **sehen**, **hören**) plutôt que leur participe passé (**geheißen**, **gelassen**, **gesehen**, **gehört**) :

  man hat mich kommen sehen
  on m'a vu venir

  er hat das Feuer ausgehen lassen
  il a laissé le feu s'éteindre

- Dans les propositions subordonnées, le verbe conjugué précède les deux infinitifs à la fin d'une phrase :

  weil er dich **hat** warten lassen
  parce qu'il t'a fait attendre

b) *L'infinitif avec* **zu**

i) Après un nom :

hast du **Lust** mit**zu**spielen?
est-ce que tu as envie de jouer avec nous ?

ii) Après un adjectif :

ich war **froh**, ihn gesehen **zu** haben
j'étais heureux de l'avoir vu

iii) Après un participe passé :

sie waren **erstaunt**, mich **zu** sehen
ils étaient étonnés de me voir

iv) Après les prépositions **um**, **(an)statt** et **ohne** :

um... zu s'emploie pour exprimer un but :

wir zahlten mehr, um einen besseren Platz zu bekommen
nous avons payé plus pour avoir une meilleure place

um... zu s'emploie aussi après **genug** (*assez*) et **zu** (*trop*) + adjectif :

du bist alt genug, um das zu wissen
tu es assez vieux pour savoir ça

er ist zu schwach, um Nein zu sagen
il est trop faible pour dire non

(an)statt zu (*au lieu de*) :

(an)statt zu feuern, ließ er die Waffe fallen
il fit tomber le fusil au lieu de faire feu

ohne zu (*sans*) :

sie gingen vorbei, ohne zu grüßen
ils sont passés sans dire bonjour

Après des noms, des adjectifs, des participes passés et des prépositions, le sujet du verbe principal doit aussi être le sujet de l'infinitif.

v) Après des verbes :

es begann sofort zu regnen
il a aussitôt commencé à pleuvoir

wir versuchten ihn aufzuhalten
nous avons essayé de l'arrêter

Les verbes suivis d'une préposition se construisent souvent de la manière suivante : da(r) + préposition devant le zu + proposition infinitive :

ich freue mich darauf, euch zu sehen
j'ai hâte de vous revoir

er ärgerte sich (darüber), den Zug verpasst zu haben
il était en colère d'avoir manqué le train

Après sein l'infinitif avec zu a un sens passif :

er ist nicht zu ersetzen
il est irremplaçable

der Schmerz war nicht zu ertragen
la douleur était insupportable

vi) La ponctuation :

Dans la plupart des phrases, l'emploi de la virgule n'est pas obligatoire :

sie versuchte zu gehen
elle essaya de marcher

sie versuchte(,) über die Straße zu gehen
elle essaya de traverser la rue

Mais, on utilise la virgule lorsque l'on a une proposition

infinitive incise, une préposition qui annonce la proposition infinitive, ou pour rendre plus clair le contenu de la phrase :

die Freunde, ohne sich zu besinnen, nahmen die Einladung an
les amis acceptèrent l'invitation sans réfléchir

sie erinnerte ihn daran, die Post zu holen
elle lui rappela d'aller chercher le courrier

Voir aussi pages 231-3.

c) Pour l'emploi de l'infinitif comme impératif, voir page 138.

d) L'infinitif peut aussi s'employer comme nom (infinitif substantivé). De tels noms commencent alors par une majuscule et sont toujours neutres. Ils désignent en général l'action du verbe :

das Schwimmen
la natation

On peut les composer avec un nom complément d'objet :

das Autofahren
la conduite automobile

Ils sont souvent accompagnés de **bei** :

er wurde beim Mogeln ertappt
on l'a pris en train de tricher

11 L'emploi des participes

a) *Le participe présent*

i) Le participe présent s'emploie principalement comme adjectif, soit devant un nom soit après **sein** :

eine **ansteckende** Krankheit
une maladie contagieuse

diese Krankheit ist **ansteckend**
cette maladie est contagieuse

ii) Il peut s'employer comme adverbe après d'autres verbes :

sie brauchen **dringend** einen Lehrer
ils ont grand besoin d'un enseignant

sie redete **überzeugend**
elle parlait avec conviction

iii) Le participe présent précédé de **zu**, devant lequel on peut aussi trouver d'autre mots et locutions, peut s'employer comme groupe adjectival devant un nom :

kein einfach **zu lösendes** Problem
un problème difficile à résoudre

eine schwer **zu begreifende** Entscheidung
une décision difficile à comprendre

iv) L'emploi du participe présent dans des constructions identiques à l'exemple qui suit est principalement littéraire :

die Zeitung **zerknüllend**, stand er auf
il se leva en froissant le papier

b) *Le participe passé*

i) Le participe passé s'emploie non seulement dans la formation des temps, mais aussi comme adjectif :

der **verdammte** Bengel
ce sacré galopin

ii) Son usage, lorsqu'il entre dans la formation d'un groupe adjectival devant un nom, est très répandu à l'écrit, en allemand soutenu :

der erst neulich **gestürzte** Präsident
le président récemment renversé

iii) L'emploi du participe passé dans des constructions identiques à l'exemple qui suit est principalement littéraire :

vom Einbruch der Nacht **überrascht**, musste er im Freien schlafen
soudain surpris par la tombée de la nuit, il dut dormir à la belle étoile

Mais un petit nombre de verbes sont d'un usage courant dans des constructions participiales, comme par exemple **vorausgesetzt**, **gesagt**, **ausgenommen** :

genau **gesagt**
pour être précis

dein Bruder **ausgenommen**, fahren alle mit dem Zug
à part ton frère, tout le monde part en train

iv) Le participe passé s'emploie dans un usage idiomatique avec **kommen** :

er kam **gelaufen**
il est venu en courant

12 L'emploi des verbes de modalité

Pour leur conjugaison, voir pages 119-23.

a) **Dürfen**

i) Il exprime la permission (*pouvoir, devoir, avoir le droit de*) :

niemand darf das Haus verlassen
personne ne doit quitter la maison

darf ich Sie stören?
puis-je vous déranger ?

das darfst du nicht sagen
tu ne dois pas dire ça

ii) Au subjonctif II, **dürfen** exprime une hypothèse probable :

er dürfte gestern krank gewesen sein
il devait être malade hier

das dürfte wohl stimmen
ça pourrait bien être vrai

iii) À la forme négative, **dürfen** correspond à une interdiction en français :

du darfst nicht bei Rot über die Straße gehen
il ne faut pas traverser la rue au feu rouge

iv) Expression idiomatique :

was darf es sein ?
que puis-je faire pour vous ? (dans un magasin)
qu'est-ce que vous voulez ? (pour proposer une boisson)

b) **Können**

i) Il exprime la capacité ou le savoir :

er kann gut schwimmen
il sait bien nager

kannst du Gitarre spielen?
est-ce que tu sais jouer de la guitare ?

leider können wir nicht kommen
malheureusement nous ne pouvons pas venir

kannst du Spanisch?
est-ce que tu parles espagnol ?

ii) Il exprime aussi la possibilité :

er kann den Einbrecher gesehen haben
il a pu voir le cambrioleur/il se peut qu'il ait vu le cambrioleur

du kannst recht haben
tu as peut-être raison

iii) On emploie souvent **können** à la place de **dürfen** pour exprimer une permission, en particulier dans le langage parlé :

du kannst machen, was du willst
tu peux faire ce que tu veux

iv) **Können** s'emploie dans l'expression idiomatique **etwas/ jemand (gut) leiden können** :

ich kann diese Musik gut leiden
j'aime bien cette musique

c) **Mögen**

Remarque :

Le verbe **mögen** peut également être accompagné d'un complément d'objet direct ; il signifie alors "aimer" :

ich mag keine Rockmusik
je n'aime pas la musique rock

i) On emploie le plus souvent **mögen** pour exprimer un souhait ou un désir. Il est alors, en général, au subjonctif II :

ich möchte ihn kennenlernen
j'aimerais faire sa connaissance

ich möchte ein Eis
je voudrais une glace

Mais on le trouve aussi au présent :

ich mag nicht länger bleiben
je ne veux pas rester plus longtemps

ii) Il s'emploie pour exprimer une hypothèse ou une possibilité :

du magst recht haben
il se peut que tu aies raison

wer mag das sein?
qui ça peut bien être ?

sie mochte etwa zwanzig sein
elle devait avoir vingt ans

iii) Il s'emploie aussi pour exprimer la concession :

das mag sein, aber es gefällt mir nicht
c'est peut-être le cas, mais ça ne me plaît pas

iv) Le subjonctif II de **mögen** s'emploie aussi à la place de l'impératif, cet usage étant plus poli :

Besucher möchten das Schloss bitte vor sechs Uhr verlassen
les visiteurs sont priés de quitter le château avant six heures

v) On l'emploie aussi dans l'expression idiomatique :

ich mag ihn gut leiden
je l'aime bien

d) **Müssen**

i) Il s'emploie pour exprimer une nécessité, une obligation :

ich muss schon sagen...
je dois vraiment dire...

ich musste mich beeilen
il fallait que je me dépêche

ii) Il peut aussi exprimer une hypothèse :

jemand muss es versteckt haben
quelqu'un doit l'avoir caché

iii) Au subjonctif II, il exprime un souhait ou un espoir :

das müsste eigentlich passen
ça devrait aller

Geld müsste man haben!
ce serait bien d'avoir de l'argent !

iv) La forme négative de **müssen** a le sens de "ne pas être obligé de" :

du musst nicht kommen
tu n'es pas obligé de venir

Si on veut dire "tu ne dois pas venir", l'allemand emploie **dürfen** :

du darfst nicht kommen
tu ne dois pas venir

e) **Sollen**

i) Il exprime un devoir, une obligation relative. Cette obligation suppose une demande ou un souhait de la part d'une personne, de la société, etc., envers qui on se sent obligé :

er sollte seinem Vater helfen
il devrait aider son père

ich hätte es früher tun sollen
j'aurais dû le faire plus tôt

du sollst nicht töten
tu ne tueras point

Remarque :

Il y a parfois une distinction de sens entre le présent et le subjonctif II. Le présent sous-entend que l'obligation est imposée par un élément extérieur ; le subjonctif II sous-entend que c'est le locuteur qui s'impose cette obligation :

ich soll nicht rauchen
je ne devrais pas fumer (*mon médecin me l'a dit*)

ich sollte nicht rauchen
je ne devrais pas fumer (*je sais que c'est mauvais pour moi*)

ii) **Sollen** s'emploie pour exprimer une rumeur ou une opinion générale :

dieser soll der beste sein
il paraît que celui-ci est le meilleur

es sollte heute regnen, hat aber nicht
il devait pleuvoir aujourd'hui, mais il n'a pas plu

iii) Le prétérit de **sollen** peut s'employer pour exprimer un futur dans le passé :

das sollten wir später erfahren
nous devions découvrir ça plus tard

f) **Wollen**

i) Il exprime une intention ou un désir :

er will nur dein Bestes
il ne veut que ton bien

ich will sie heiraten
je veux l'épouser

Comme en français, il peut s'employer avec des sujets inanimés :

der Regen wollte nicht enden
la pluie ne voulait pas s'arrêter

der Motor wollte nicht anspringen
le moteur ne voulait pas démarrer

Dans les constructions avec **dass**, l'allemand n'emploie pas de subjonctif :

alle wollen, dass du **kommst**
tout le monde veut que tu viennes

er will, dass ich ihm helfe
il veut que je l'aide

ii) Il s'emploie lorsqu'une personne rapporte ce que quelqu'un d'autre a prétendu :

er will das Geld gar nicht gesehen haben
il prétend n'avoir jamais vu l'argent

er will immer recht haben
il veut toujours avoir raison

iii) Au prétérit et lorsqu'il est suivi de gerade, il signifie "être sur le point de" :

er wollte gerade verschwinden
il était sur le point de partir

iv) Il s'emploie avec un infinitif passif au sens de "devoir" :

dieser Fall will vorsichtig behandelt werden
il faut s'occuper de ce cas avec précaution

g) L'omission du verbe à l'infinitif avec un verbe de modalité :

Les infinitifs exprimant un mouvement peuvent être omis lorsque ce que l'on sous-entend est clair. Ceci se produit normalement avec un adverbe ou une locution adverbiale désignant un lieu, une direction :

du sollst sofort in die Schule
tu dois aller à l'école tout de suite

ich muss heute nach Dortmund
je dois aller à Dortmund aujourd'hui

ich darf nicht nach draußen
je n'ai pas le droit de sortir

h) L'emploi des verbes de modalité au parfait et au plus-que-parfait ont souvent différents sens :

er hat es tun sollen
Il devait le faire (*c'était son devoir de le faire, mais on ne sait pas s'il l'a fait ou non*)

er hat es tun müssen
il devait le faire (*il était obligé de le faire et il l'a fait*)

er soll es getan haben
on dit qu'il l'a fait

er muss es getan haben
il doit l'avoir fait

er hat es tun können
il a pu le faire (*il en avait la possibilité*)

er kann es getan haben
il peut l'avoir fait (*il est peut-être coupable*)

er hätte es tun können
il aurait pu le faire (*s'il l'avait voulu*)

er könnte es getan haben
il pourrait l'avoir fait (*il est peut-être coupable*)

13 Les verbes impersonnels

a) Les verbes impersonnels sont des verbes qui ont **es** pour sujet lorsque **es** ne se rapporte pas à une personne, une chose ou une action particulière. Comparez :

es ist besser zu gehen (*impersonnel*)
il est préférable de partir

dieses Buch? es ist mein Lieblingsbuch (*personnel,* **es** *fait référence au livre*)
ce livre ? c'est mon livre préféré

Les verbes impersonnels peuvent se diviser en deux groupes, suivant que l'on garde le **es** ou non lorsque le verbe est précédé d'un complément, d'un pronom ou autre :

es gibt kein Essen heute → heute gibt'**s** kein Essen
il n'y a rien à manger aujourd'hui

es ist mir schlecht → mir ist schlecht
je me sens mal

b) Mis à part les verbes cités au paragraphe c) pages 155-6, les expressions et les verbes impersonnels gardent le **es** même lorsqu'il n'est pas en début de phrase. Dans certains cas, le **es** disparaît lorsqu'il n'occupe pas la première place dans la phrase devant le verbe conjugué. Vous trouverez ci-dessous les principaux types de verbes impersonnels qui gardent le **es** :

Les verbes qui décrivent un phénomène atmosphérique, etc. :

es regnet	*il pleut*
es schneit	*il neige*
es hagelt	*il grêle*
es blitzt	*il y a des éclairs*

es donnert	*il tonne*
es dunkelt	*la nuit tombe*
es friert	*il gèle*
es tagt	*le jour se lève*
es dämmert	*le jour se lève*
es wird Sommer	*l'été arrive*
es brennt	*il y a le feu, au feu*
es zieht	*il y a un courant d'air*
es spukt	*il y a des fantômes*

Remarque :

Certains d'entre eux font parfois référence à une personne :

es friert mich	es ist mir kalt
je gèle	*j'ai froid*

Cette structure est assez formelle et **es** peut changer de place dans la phrase :

mich friert (es)	mir ist (es) kalt

On peut garder le **es**, mais en général on l'omet.

Les verbes qui décrivent un bruit :

es klingelt	*on sonne*
es klopft	*on frappe*
es läutet	*on sonne*
es raschelt	*il y a un léger froissement*

D'autres verbes impersonnels :

es gefällt mir	*ça me plaît*
es geht	*ça va*
es gibt	*il y a*
es handelt sich um	*il s'agit de*
es kommt darauf an	*ça dépend*

Dans **es war einmal** (*il était une fois*), le sujet et le verbe gardent toujours cet ordre.

c) Les verbes impersonnels où le **es** disparaît :

Dans des expressions composées de **es ist** + adjectif ayant trait à un état d'esprit, au corps ou à la santé, on omet normalement le **es** quand il n'occupe pas la première place devant le verbe conjugué :

ihm war traurig zumute
il était triste

mir ist warm
j'ai chaud

mir wird besser
je me sens mieux

ihr ist schlecht
elle ne se sent pas bien

Au passif impersonnel, on omet toujours le **es** quand il n'est pas devant le verbe conjugué :

die ganze Nacht hindurch wurde getanzt
on a dansé toute la nuit

ihm wurde der Preis verliehen
on lui a attribué le prix

Il en va de même pour les verbes de position. Les plus courants sont **liegen**, **sein** et **stehen** :

es steht in der Zeitung, dass... → in der Zeitung **steht**, dass...
on dit dans le journal que...

d) **Es gibt** ou **es ist** ?

L'expression **es gibt** est la traduction allemande de "il y a" :

gibt es einen Aufzug?
y-a-t-il un ascenseur ?

es gibt nie Ruhe hier
on ne peut jamais être au calme ici

zum Abendessen gibt es Forellen
il y a de la truite pour le dîner

Es ist/sind ne s'emploie que pour indiquer le lieu ou la position. Comparez les deux exemples suivants :

es ist Post da
le courrier est arrivé

heute **gibt es** keine Post
il n'y a pas de courrier aujourd'hui

Es ist/sind est particulièrement courant lorsque la présence est seulement temporaire :

es sind zwei Mädchen an der Tür
il y a deux filles à la porte

L'expression **es ist/sind** perd le **es** quand celui-ci ne précède pas le verbe conjugué :

in München war eine Demonstration
il y avait une manifestation à Munich

Es ist/sind peut s'employer pour les phénomènes atmosphériques, mais on trouve aussi **es gibt** :

es gab diesen Sommer wenig Sonne
es hat diesen Sommer wenig Sonne gegeben
il n'y avait pas beaucoup de soleil cet été

14 Les verbes pronominaux

a) Les verbes pronominaux sont des verbes employés avec un pronom réfléchi et dont l'action renvoie au sujet. Dans "je me suis lavé", "me" est le pronom réfléchi.

b) En allemand, on a des pronoms réfléchis à l'accusatif et au datif :

PERSONNE	ACCUSATIF	DATIF
ich	mich	mir
du	dich	dir
er/sie/es	sich	sich
wir	uns	uns
ihr	euch	euch
Sie/sie	sich	sich

Remarque :

Certains verbes sont pronominaux en allemand alors qu'ils ne le sont pas en français :

ich schäme mich
j'ai honte

das Wetter ändert sich
le temps change

Et inversement, certains verbes pronominaux français ne le sont pas en allemand :

aufstehen
se lever

ertrinken
se noyer

c) La place du pronom réfléchi :

Le pronom réfléchi se place, en général, juste après le verbe :

mein Vater erinnert sich daran
mon père s'en souvient

Lorsque le verbe conjugué occupe la première place (dans une question par exemple) ou lorsqu'il est en fin de phrase, il suit en général un pronom sujet, mais se place devant les autres pronoms :

erinnert **sich** dein Vater daran?
est-ce que ton père s'en souvient ?

erinnert er **sich** daran?
il s'en souvient ?

erinnert **sich** einer daran?
quelqu'un s'en souvient ?

ich hoffe, dass er **sich** daran erinnert
j'espère qu'il s'en souvient

Dans une proposition infinitive, le pronom est en première place :

ich darf nicht vergessen, **mir** ein neues Taschentuch zu kaufen
je ne dois pas oublier de m'acheter un nouveau mouchoir

Remarque :

Attention aux deux points grammaticaux suivants :

- Le pronom réfléchi allemand ne peut pas précéder le verbe conjugué dans l'ordre normal des mots.
- Contrairement au français, tous les verbes pronominaux se conjuguent avec le verbe **haben**. Ils ont la même conjugaison que les autres verbes.

d) L'emploi du pronom réfléchi :

Son usage le plus courant est de renvoyer l'action du verbe sur le sujet :

du schadest **dir** dabei bloß selbst
tu ne fais du mal qu'à toi

ich wasche **mich**
je me lave

Au pluriel, le pronom réfléchi peut être réciproque. Les verbes réciproques indiquent une action exercée par plusieurs sujets les uns sur les autres :

wir sehen **uns** morgen
nous nous verrons demain

On peut aussi l'exprimer par **einander** :

sie sehen einander jeden Tag
ils se voient tous les jours

L'accusatif du pronom réfléchi s'emploie avec beaucoup de verbes qui ont le préfixe **ver-** pour indiquer que l'action a été accomplie de manière incorrecte :

ich habe **mich** versprochen
j'ai fait un lapsus

er hat **sich** verzählt
il s'est trompé en comptant

e) Il existe une construction pronominale impersonnelle qui permet en général d'indiquer si une activité est agréable ou non :

in Turnschuhen läuft **es sich** bequem
les chaussures de sport sont confortables pour courir

in einem weichen Bett schläft **es sich** schlecht
on dort mal dans un lit mou

Avec la forme pronominale de **lassen**, le verbe qui suit a un sens passif :

das lässt sich leicht machen
ça se fait facilement

Le datif du pronom réfléchi peut indiquer que le complément d'objet direct appartient au sujet du verbe :

ich wasche **mir** die Hände
je me lave les mains

sie zog **sich** die Schuhe an
elle mit ses chaussures

Le datif du pronom réfléchi s'emploie aussi avec beaucoup de verbes pour insister sur l'intérêt du sujet ou sur sa participation dans l'action du verbe. Il s'agit là d'un emploi courant, mais non obligatoire :

den Film sehe ich **mir** bestimmt an
je vais certainement voir ce film

du solltest **dir** einen neuen Wagen kaufen
tu devrais acheter une nouvelle voiture

Lorsqu'un pronom accompagné d'une préposition renvoie sur le sujet, il faut obligatoirement employer le pronom réfléchi (en fait, il diffère uniquement des autres formes du pronom aux troisièmes personnes du singulier **er**/**sie**/**es** et du pluriel **sie**) :

vor **sich** sah er jemand laufen
il a vu quelqu'un courir devant lui (lui-même)

er sah jemand hinter **ihm**
il a vu quelqu'un derrière lui (derrière quelqu'un d'autre)

"Soi" se traduit par **sich** :

bei **sich** zu Hause
chez soi

15 Les verbes se construisant avec le datif

a) Le datif est le cas du complément d'objet indirect. Il se place après des verbes ayant le sens de "donner", "envoyer", "dire", etc. :

bring mir die Teller !
apporte-moi les assiettes

L'usage en allemand est parfois différent du français :

Sie wollten **mich** sprechen? (*acc.*)
vous vouliez me parler ?

b) Beaucoup de verbes ont à la fois un complément d'objet direct et un complément d'objet indirect :

er hat **mir alles** erzählt
il m'a tout dit

c) Les verbes comprenant les particules **bei-** et **nach-** ainsi que les verbes à particule inséparable comprenant le préfixe **ent-** (avec le sens général d'éloignement) prennent le datif :

beistehen	*assister*
nachgeben	*céder à*
entkommen	*échapper à*

d) Voici une liste de verbes les plus courants qui se construisent avec le datif. Les verbes qui entrent dans les catégories citées ci-dessus ont été en grande partie omis :

auf|fallen	*frapper, surprendre*
aus|weichen	*faire place à*
befehlen	*ordonner à*
begegnen	*rencontrer*
danken	*remercier*
dienen	*servir*
drohen	*menacer*
empfehlen	*recommander à*
erlauben	*permettre à*
fehlen	*manquer à*
folgen	*suivre*
gefallen	*plaire à*

gehorchen	*obéir à*
gehören	*appartenir à*
gelingen	*réussir à*
genügen	*suffire à*
glauben	*croire*
gratulieren	*féliciter*
helfen	*aider*
misstrauen	*se méfier de*
passen	*aller (bien) à*
raten	*conseiller à*
reichen	*suffire à*
schaden	*nuire à*
schmeicheln	*flatter*
trauen	*avoir confiance en*
verbieten	*interdire à*
versichern	*assurer à*
vertrauen	*avoir confiance en*
verzeihen	*pardonner à*
vorstehen	*présider à*
weh|tun	*faire mal à*
widersprechen	*contredire*
widerstehen	*résister à*
zusehen	*regarder*
zu|stimmen	*approuver*

16 Les verbes se construisant avec deux compléments d'objet à l'accusatif

Quelques verbes peuvent être suivis de deux compléments d'objet à l'accusatif. C'est le cas de **kosten** (*coûter à*), **lehren** (*enseigner à*), **nennen** (*traiter de*), **fragen** (*demander à*) :

das kann **ihn den Kragen** kosten
ça peut lui coûter cher

er nannte **mich einen Dummkopf**
il m'a traité d'idiot

sie haben **mich Schwieriges** gefragt
ils m'ont demandé des choses difficiles

17 Les verbes suivis d'une préposition

a) Beaucoup de verbes allemands sont suivis d'une préposition. Il arrive très souvent qu'elles ne correspondent pas à leur équivalent français. Il faut donc apprendre le verbe, la préposition qui le suit et le cas que régit cette préposition :

ich fürchte mich vor **ihm**
j'ai peur de lui

Certains verbes peuvent être suivis de différentes prépositions, entraînant ainsi un changement de sens :

ich freue mich **auf** die Ferien
j'ai hâte d'être en vacances

sie hat sich **über** das Geschenk gefreut
elle a été contente du cadeau

Les verbes + préposition sont souvent suivis d'un nom. Cependant, ils peuvent aussi être suivis d'une proposition infinitive ou subordonnée, en général une proposition introduite par **dass**. Lorsqu'ils sont suivis d'une proposition infinitive ou subordonnée, la préposition se place le plus souvent dans la principale et prend le préfixe **da(r)-** :

ich erinnere mich **an** ihn
je me souviens de lui

ich erinnere mich **daran**, ihn gesehen zu haben
je me souviens de l'avoir rencontré

b) Voici une liste des verbes les plus couramment employés :

i) **an** + *acc.*

denken an	*penser à*
erinnern an	*rappeler à*
sich erinnern an	*se souvenir de*
sich gewöhnen an	*s'habituer à*

ii) **an** + *dat.*

es fehlt an	*il manque de*
leiden an	*souffrir de (maladie)*

iii) **auf** + *acc.*

achtgeben auf	*faire attention à*
auf|passen auf	*faire attention à*
sich beschränken auf	*se limiter à*
sich freuen auf	*avoir hâte de*
hoffen auf	*espérer*
reagieren auf	*réagir à*
rechnen auf	*compter sur*
sich verlassen auf	*compter sur*
verzichten auf	*renoncer à*
warten auf	*attendre*

iv) **auf** + *dat.*

bestehen auf	*insister sur*

v) **aus** + *dat.*

bestehen aus	*se composer de*

vi) **für** + *acc.*

sich bedanken für	*remercier pour*
sich ein|setzen für	*s'employer à*
sich entscheiden für	*se décider pour*
halten für	*considérer comme*
sich interessieren für	*s'intéresser à*
sorgen für	*s'occuper de*

vii) **mit** + *dat.*

auf|hören mit	*arrêter de*
einverstanden sein mit	*être d'accord avec*
rechnen mit	*tenir compte de, compter sur*

viii) **nach** + *dat.*

fragen nach	*s'enquérir de*
schmecken nach	*avoir le goût de*
suchen nach	*chercher*

ix) **über** + *acc.*

sich freuen über	*se réjouir de*
lachen über	*rire de*
nach|denken über	*réfléchir à*

x) **um** + *acc.*

sich kümmern um	*se préoccuper de, s'occuper de*
sich sorgen um	*s'inquiéter pour*
es geht um	*il s'agit de*
es handelt sich um	*il s'agit de*

xi) **unter** + *dat.*

leiden unter	*souffrir de* (*bruit, etc.*)
verstehen unter	*comprendre par*

xii) **von** + *dat.*

ab|hängen von	*dépendre de*
sich erholen von	*se remettre de*
handeln von	*traiter de*

xiii) **vor** + *dat.*

sich fürchten vor	*avoir peur de*

xiv) **zu** + *dat.*

bei|tragen zu	*contribuer à*
sich entschließen zu	*décider de*

18 Les verbes forts

Les verbes suivis d'un astérisque (*) se conjuguent avec **sein**.

Les verbes à particule se conjuguent de la même manière que les verbes dont ils dérivent (les verbes sans particule). Par exemple, **versprechen** et **aus|sprechen** ont la même conjugaison que **sprechen**.

Certains verbes ont deux formes de participe passé. Par exemple, er hat nicht **gewollt** (*il n'a pas voulu*) et er hätte nicht bleiben **wollen** (*il n'aurait pas voulu rester*). La forme normale est donnée dans la liste. La seconde forme, celle que l'on emploie après un infinitif, est donnée en note de bas de page.

INFINITIF		PRÉSENT *3ème pers. sing.*	PRÉTÉRIT	PARTICIPE PASSÉ
backen	*faire cuire*	bäckt, backt	backte	gebacken
befehlen	*commander*	befiehlt	befahl	befohlen
beginnen	*commencer*	beginnt	begann	begonnen
beißen	*mordre*	beißt	biss	gebissen
bergen	*abriter, (se) cacher*	birgt	barg	geborgen
bersten	*éclater*	birst	barst	geborsten*
bewegen	*inciter*	bewegt	bewog	bewogen
biegen	*courber*	biegt	bog	gebogen
bieten	*offrir*	bietet	bot	geboten
binden	*lier*	bindet	band	gebunden
bitten	*prier, demander*	bittet	bat	gebeten
blasen	*souffler*	bläst	blies	geblasen
bleiben	*rester*	bleibt	blieb	geblieben*
braten	*rôtir*	brät	briet	gebraten
brechen	*casser*	bricht	brach	gebrochen
brennen	*brûler*	brennt	brannte	gebrannt
bringen	*apporter*	bringt	brachte	gebracht
denken	*penser*	denkt	dachte	gedacht
dreschen	*battre (blé)*	drischt	drosch	gedroschen

INFINITIF		PRÉSENT *3ème pers. sing.*	PRÉTÉRIT	PARTICIPE PASSÉ
dringen	*pénétrer, presser*	dringt	drang	gedrungen*
dürfen	*pouvoir, devoir*	darf	durfte	gedurft[1]
empfangen	*recevoir*	empfängt	empfing	empfangen
empfehlen	*recommander*	empfiehlt	empfahl	empfohlen
empfinden	*ressentir*	empfindet	empfand	empfunden
erschrecken	*s'effrayer*	erschreckt	erschrak	erschrocken*
essen	*manger*	isst	aß	gegessen
fahren	*aller (véhicule)*	fährt	fuhr	gefahren*
fallen	*tomber*	fällt	fiel	gefallen*
fangen	*attraper*	fängt	fing	gefangen
fechten	*faire de l'escrime*	ficht	focht	gefochten
finden	*trouver*	findet	fand	gefunden
flechten	*tresser*	flicht	flocht	geflochten
fliegen	*voler*	fliegt	flog	geflogen*
fliehen	*s'enfuir*	flieht	floh	geflohen*
fließen	*couler*	fließt	floss	geflossen*
fressen	*manger (animal)*	frisst	fraß	gefressen
frieren	*geler*	friert	fror	gefroren
gären	*fermenter*	gärt	gor[2]	gegoren[2]
gebären	*accoucher (de)*	gebiert	gebar	geboren
geben	*donner*	gibt	gab	gegeben
gedeihen	*prospérer*	gedeiht	gedieh	gediehen*
gehen	*aller*	geht	ging	gegangen*
gelingen	*réussir*	gelingt	gelang	gelungen*
gelten	*être valable*	gilt	galt	gegolten
genesen	*se rétablir*	genest	genas	genesen*
genießen	*savourer*	genießt	genoss	genossen
geschehen	*se produire*	geschieht	geschah	geschehen*
gewinnen	*gagner*	gewinnt	gewann	gewonnen
gießen	*verser*	gießt	goss	gegossen

[1] **dürfen** après un infinitif

[2] aussi employé comme verbe faible : **gärte**, **gegärt**

INFINITIF		PRÉSENT 3ème pers. sing.	PRÉTÉRIT	PARTICIPE PASSÉ
gleichen	*ressembler à*	gleicht	glich	geglichen
gleiten	*glisser*	gleitet	glitt	geglitten*
glimmen	*rougeoyer*	glimmt	glomm[3]	geglommen[3]
graben	*creuser*	gräbt	grub	gegraben
greifen	*saisir*	greift	griff	gegriffen
haben	*avoir*	hat	hatte	gehabt
halten	*tenir*	hält	hielt	gehalten
hängen	*être suspendu*	hängt	hing	gehangen
hauen	*frapper*	haut	haute	gehauen
heben	*soulever*	hebt	hob	gehoben
heißen	*s'appeler*	heißt	hieß	geheißen
helfen	*aider*	hilft	half	geholfen
kennen	*connaître*	kennt	kannte	gekannt
klimmen	*grimper*	klimmt	klomm	geklommen*
klingen	*retentir*	klingt	klang	geklungen
kneifen	*pincer*	kneift	kniff	gekniffen
kommen	*venir*	kommt	kam	gekommen*
können	*pouvoir*	kann	konnte	gekonnt[4]
kriechen	*ramper*	kriecht	kroch	gekrochen*
laden	*charger*	lädt	lud	geladen
lassen	*laisser*	lässt	ließ	gelassen[5]
laufen	*courir*	läuft	lief	gelaufen*
leiden	*souffrir*	leidet	litt	gelitten
leihen	*prêter*	leiht	lieh	geliehen
lesen	*lire*	liest	las	gelesen
liegen	*être allongé*	liegt	lag	gelegen
lügen	*mentir*	lügt	log	gelogen
mahlen	*moudre*	mahlt	mahlte	gemahlen
meiden	*éviter*	meidet	mied	gemieden

[3] aussi employé comme verbe faible : **glimmte**, **geglimmt**
[4] **können** après un infinitif
[5] **lassen** après un infinitif

INFINITIF		PRÉSENT 3ème pers. sing.	PRÉTÉRIT	PARTICIPE PASSÉ
melken	*traire*	melkt	melkte	gemolken
messen	*mesurer*	misst	maß	gemessen
misslingen	*échouer*	misslingt	misslang	misslungen*
mögen	*aimer*	mag	mochte	gemocht[6]
müssen	*devoir*	muss	musste	gemusst[7]
nehmen	*prendre*	nimmt	nahm	genommen
nennen	*nommer*	nennt	nannte	genannt
pfeifen	*siffler*	pfeift	pfiff	gepfiffen
preisen	*vanter*	preist	pries	gepriesen
quellen[8]	*s'écouler*	quillt	quoll	gequollen*
raten	*devenir*	rät	riet	geraten
reiben	*frotter*	reibt	rieb	gerieben
reißen	*déchirer*	reißt	riss	gerissen
reiten	*aller à cheval*	reitet	ritt	geritten
rennen	*courir*	rennt	rannte	gerannt*
riechen	*sentir*	riecht	roch	gerochen
ringen	*lutter*	ringt	rang	gerungen
rinnen	*couler*	rinnt	rann	geronnen*
rufen	*appeler*	ruft	rief	gerufen
salzen	*saler*	salzt	salzte	gesalzen
saufen	*boire (animal)*	säuft	soff	gesoffen
saugen	*sucer*	saugt	sog[9]	gesogen[9]
schaffen	*créer*	schafft	schuf	geschaffen
scheiden	*séparer*	scheidet	schied	geschieden
scheinen	*sembler, briller*	scheint	schien	geschienen
scheißen	*chier*	scheißt	schiss	geschissen
schelten	*gronder*	schilt	schalt	gescholten

[6] mögen après un infinitif

[7] müssen après un infinitif

[8] quellen se conjugue comme un verbe faible dans les emplois transitifs (= *faire gonfler, mettre à tremper*)

[9] aussi employé comme verbe faible : saugte, gesaugt

INFINITIF		PRÉSENT 3ème pers. sing.	PRÉTÉRIT	PARTICIPE PASSÉ
scheren	*tondre*	schert	schor	geschoren
schieben	*pousser*	schiebt	schob	geschoben
schießen	*tirer (arme)*	schießt	schoss	geschossen
schinden	*éreinter*	schindet	schund[10]	geschunden
schlafen	*dormir*	schläft	schlief	geschlafen
schlagen	*battre*	schlägt	schlug	geschlagen
schleichen	*se faufiler*	schleicht	schlich	geschlichen*
schleifen	*aiguiser*	schleift	schliff	geschliffen
schließen	*fermer*	schließt	schloss	geschlossen
schlingen	*enrouler*	schlingt	schlang	geschlungen
schmeißen	*flanquer*	schmeißt	schmiss	geschmissen
schmelzen[11]	*fondre*	schmilzt	schmolz	geschmolzen
schneiden	*couper*	schneidet	schnitt	geschnitten
schreiben	*écrire*	schreibt	schrieb	geschrieben
schreien	*crier*	schreit	schrie	geschrien
schreiten	*marcher*	schreitet	schritt	geschritten*
schweigen	*se taire*	schweigt	schwieg	geschwiegen
schwellen[12]	*gonfler*	schwillt	schwoll	geschwollen*
schwimmen	*nager*	schwimmt	schwamm	geschwommen*
schwinden	*diminuer*	schwindet	schwand	geschwunden*
schwingen	*agiter*	schwingt	schwang	geschwungen*
schwören	*jurer*	schwört	schwor	geschworen
sehen	*voir*	sieht	sah	gesehen[13]
sein	*être*	ist	war	gewesen*
senden	*envoyer*	sendet	sandte[14]	gesandt[14]
singen	*chanter*	singt	sang	gesungen

[10] la forme faible **schindete** est plus courante

[11] **schmelzen** se conjugue comme un verbe faible dans les emplois transitifs (= *dissoudre, faire fondre*)

[12] **schwellen** se conjugue comme un verbe faible dans les emplois transitifs (= *faire gonfler, faire enfler*)

[13] **sehen** après un infinitif

[14] aussi employé comme verbe faible : **sendete**, **gesendet**

INFINITIF		PRÉSENT 3ème pers. sing.	PRÉTÉRIT	PARTICIPE PASSÉ
sinken	*sombrer*	sinkt	sank	gesunken*
sinnen	*méditer*	sinnt	sann	gesonnen
sitzen	*être assis*	sitzt	saß	gesessen
sollen	*devoir*	soll	sollte	gesollt[15]
spalten	*fendre*	spaltet	spaltete	gespalten[16]
speien	*cracher*	speit	spie	gespien
spinnen	*filer*	spinnt	spann	gesponnen
sprechen	*parler*	spricht	sprach	gesprochen
sprießen	*pousser, éclore*	sprießt	spross[17]	gesprossen*
springen	*sauter*	springt	sprang	gesprungen*
stechen	*piquer*	sticht	stach	gestochen
stehen	*être debout*	steht	stand	gestanden
stehlen	*dérober*	stiehlt	stahl	gestohlen
steigen	*monter*	steigt	stieg	gestiegen*
sterben	*mourir*	stirbt	starb	gestorben*
stinken	*puer*	stinkt	stank	gestunken
stoßen	*pousser*	stößt	stieß	gestoßen
streichen	*peindre, supprimer*	streicht	strich	gestrichen
streiten	*se battre*	streitet	stritt	gestritten
tragen	*porter*	trägt	trug	getragen
treffen	*rencontrer*	trifft	traf	getroffen
treiben	*mener, chasser*	treibt	trieb	getrieben
treten	*marcher*	tritt	trat	getreten
trinken	*boire*	trinkt	trank	getrunken
trügen	*tromper*	trügt	trog	getrogen
tun	*faire*	tut	tat	getan
verderben	*gâter*	verdirbt	verdarb	verdorben
verdrießen	*contrarier*	verdrießt	verdross	verdrossen

[15] **sollen** après un infinitif
[16] ou la forme faible **gespaltet**
[17] ou la forme faible **sprießte**

INFINITIF		PRÉSENT *3ème pers. sing.*	PRÉTÉRIT	PARTICIPE PASSÉ
vergessen	*oublier*	vergisst	vergaß	vergessen
verlieren	*perdre*	verliert	verlor	verloren
verschleißen	*user*	verschleißt	verschliss	verschlissen
verzeihen	*pardonner*	verzeiht	verzieh	verziehen
wachsen	*croître*	wächst	wuchs	gewachsen*
waschen	*laver*	wäscht	wusch	gewaschen
weben	*tisser*	webt	wob[18]	gewoben[18]
weichen	*s'écarter, céder*	weicht	wich	gewichen*
weisen	*montrer*	weist	wies	gewiesen
wenden	*tourner*	wendet	wandte[19]	gewandt[19]
werben	*faire de la publicité, recruter*	wirbt	warb	geworben
werden	*devenir*	wird	wurde	geworden*[20]
werfen	*lancer*	wirft	warf	geworfen
wiegen	*peser*	wiegt	wog	gewogen
winden	*tordre*	windet	wand	gewunden
winken	*faire des signes*	winkt	winkte	gewunken[21]
wissen	*savoir*	weiß	wusste	gewusst
wollen	*vouloir*	will	wollte	gewollt[22]
wringen	*tordre, essorer*	wringt	wrang	gewrungen
ziehen	*tirer*	zieht	zog	gezogen
zwingen	*contraindre*	zwingt	zwang	gezwungen

[18] aussi employé plus couramment comme verbe faible : **webte**, **gewebt**

[19] aussi employé plus couramment comme verbe faible : **wendete**, **gewendet**

[20] **worden** après un participe passé

[21] ou la forme faible **gewinkt**

[22] **wollen** après un infinitif

D TABLEAUX DE CONJUGAISON

Les verbes suivants fournissent les principaux modèles de conjugaison, y compris la conjugaison de certains verbes forts courants :

Verbe avec l'auxiliaire **haben** (voir pages 126-7)	**brauchen**
Verbe avec l'auxiliaire **sein** (voir page 127)	**stürzen**
Verbe pronominal (voir pages 157-60)	**sich beeilen**
Verbe à particule séparable (voir pages 130-2)	**ab|lehnen**
Auxiliaires	**haben** **sein** **werden**
Verbes de modalité (voir pages 119-23, 149-54)	**dürfen** **können** **mögen** **müssen** **sollen** **wollen**

Les tableaux de conjugaison de ces verbes sont classés par **ordre alphabétique**.

ABLEHNEN *refuser, rejeter*

PRÉSENT
ich lehne ab
du lehnst ab
er/sie/es lehnt ab
wir lehnen ab
ihr lehnt ab
Sie lehnen ab
sie lehnen ab

PRÉTÉRIT
ich lehnte ab
du lehntest ab
er/sie/es lehnte ab
wir lehnten ab
ihr lehntet ab
Sie lehnten ab
sie lehnten ab

FUTUR
ich werde ablehnen
du wirst ablehnen
er/sie/es wird ablehnen
wir werden ablehnen
ihr werdet ablehnen
Sie werden ablehnen
sie werden ablehnen

PASSÉ COMPOSÉ
ich habe abgelehnt
du hast abgelehnt
er/sie/es hat abgelehnt
wir haben abgelehnt
ihr habt abgelehnt
Sie haben abgelehnt
sie haben abgelehnt

PLUS-QUE-PARFAIT
ich hatte abgelehnt
du hattest abgelehnt
er/sie/es hatte abgelehnt
wir hatten abgelehnt
ihr hattet abgelehnt
Sie hatten abgelehnt
sie hatten abgelehnt

CONDITIONNEL
ich würde ablehnen
du würdest ablehnen
er/sie/es würde ablehnen
wir würden ablehnen
ihr würdet ablehnen
Sie würden ablehnen
sie würden ablehnen

SUBJONCTIF

PRÉSENT
ich lehne ab
du lehnest ab
er/sie/es lehne ab
wir lehnen ab
ihr lehnet ab
Sie lehnen ab
sie lehnen ab

PASSÉ COMPOSÉ
ich habe abgelehnt
du habest abgelehnt
er/sie/es habe abgelehnt
wir haben abgelehnt
ihr habet abgelehnt
Sie haben abgelehnt
sie haben abgelehnt

PRÉTÉRIT
ich lehnte ab
du lehntest ab
er/sie/es lehnte ab
wir lehnten ab
ihr lehntet ab
Sie lehnten ab
sie lehnten ab

PLUS-QUE-PARFAIT
ich hätte abgelehnt
du hättest abgelehnt
er/sie/es hätte abgelehnt
wir hätten abgelehnt
ihr hättet abgelehnt
Sie hätten abgelehnt
sie hätten abgelehnt

INFINITIF

PRÉSENT
ablehnen

PASSÉ
abgelehnt haben

PARTICIPE

PRÉSENT
ablehnend

PASSÉ
abgelehnt

IMPÉRATIF
lehn(e) ab!
lehnt ab!
lehnen wir ab!
lehnen Sie ab!

FUTUR ANTÉRIEUR
ich werde abgelehnt haben
du wirst abgelehnt haben, etc.

SICH BEEILEN *se dépêcher*

PRÉSENT
ich beeile mich
du beeilst dich
er/sie/es beeilt sich
wir beeilen uns
ihr beeilt euch
Sie beeilen sich
sie beeilen sich

PRÉTÉRIT
ich beeilte mich
du beeiltest dich
er/sie/es beeilte sich
wir beeilten uns
ihr beeiltet euch
Sie beeilten sich
sie beeilten sich

FUTUR
ich werde mich beeilen
du wirst dich beeilen
er/sie/es wird sich beeilen
wir werden uns beeilen
ihr werdet euch beeilen
Sie werden sich beeilen
sie werden sich beeilen

PASSÉ COMPOSÉ
ich habe mich beeilt
du hast dich beeilt
er/sie/es hat sich beeilt
wir haben uns beeilt
ihr habt euch beeilt
Sie haben sich beeilt
sie haben sich beeilt

PLUS-QUE-PARFAIT
ich hatte mich beeilt
du hattest dich beeilt
er/sie/es hatte sich beeilt
wir hatten uns beeilt
ihr hattet euch beeilt
Sie hatten sich beeilt
sie hatten sich beeilt

CONDITIONNEL
ich würde mich beeilen
du würdest dich beeilen
er/sie/es würde sich beeilen
wir würden uns beeilen
ihr würdet euch beeilen
Sie würden sich beeilen
sie würden sich beeilen

SUBJONCTIF

PRÉSENT
ich beeile mich
du beeilest dich
er/sie/es beeile sich
wir beeilen uns
ihr beeilet euch
Sie beeilen sich
sie beeilen sich

PASSÉ COMPOSÉ
ich habe mich beeilt
du habest dich beeilt
er/sie/es habe sich beeilt
wir haben uns beeilt
ihr habet euch beeilt
Sie haben sich beeilt
sie haben sich beeilt

PRÉTÉRIT
ich beeilte mich
du beeiltest dich
er/sie/es beeilte sich
wir beeilten uns
ihr beeiltet euch
Sie beeilten sich
sie beeilten sich

PLUS-QUE-PARFAIT
ich hätte mich beeilt
du hättest dich beeilt
er/sie/es hätte sich beeilt
wir hätten uns beeilt
ihr hättet euch beeilt
Sie hätten sich beeilt
sie hätten sich beeilt

INFINITIF

PRÉSENT
sich beeilen

PASSÉ
sich beeilt haben

PARTICIPE

PRÉSENT
mich/sich, etc. beeilend

PASSÉ
mich/sich, etc. beeilt

IMPÉRATIF
beeil(e) dich!
beeilt euch!
beeilen wir uns!
beeilen Sie sich!

FUTUR ANTÉRIEUR
ich werde mich beeilt haben
du wirst dich beeilt haben, etc.

BRAUCHEN *avoir besoin de*

PRÉSENT
ich brauche
du brauchst
er/sie/es braucht
wir brauchen
ihr braucht
Sie brauchen
sie brauchen

PRÉTÉRIT
ich brauchte
du brauchtest
er/sie/es brauchte
wir brauchten
ihr brauchtet
Sie brauchten
sie brauchten

FUTUR
ich werde brauchen
du wirst brauchen
er/sie/es wird brauchen
wir werden brauchen
ihr werdet brauchen
Sie werden brauchen
sie werden brauchen

PASSÉ COMPOSÉ
ich habe gebraucht
du hast gebraucht
er/sie/es hat gebraucht
wir haben gebraucht
ihr habt gebraucht
Sie haben gebraucht
sie haben gebraucht

PLUS-QUE-PARFAIT
ich hatte gebraucht
du hattest gebraucht
er/sie/es hatte gebraucht
wir hatten gebraucht
ihr hattet gebraucht
Sie hatten gebraucht
sie hatten gebraucht

CONDITIONNEL
ich würde brauchen
du würdest brauchen
er/sie/es würde brauchen
wir würden brauchen
ihr würdet brauchen
Sie würden brauchen
sie würden brauchen

SUBJONCTIF

PRÉSENT
ich brauche
du brauchest
er/sie/es brauche
wir brauchen
ihr brauchet
Sie brauchen
sie brauchen

PASSÉ COMPOSÉ
ich habe gebraucht
du habest gebraucht
er/sie/es habe gebraucht
wir haben gebraucht
ihr habet gebraucht
Sie haben gebraucht
sie haben gebraucht

PRÉTÉRIT
ich brauchte
du brauchtest
er/sie/es brauchte
wir brauchten
ihr brauchtet
Sie brauchten
sie brauchten

PLUS-QUE-PARFAIT
ich hätte gebraucht
du hättest gebraucht
er/sie/es hätte gebraucht
wir hätten gebraucht
ihr hättet gebraucht
Sie hätten gebraucht
sie hätten gebraucht

INFINITIF

PRÉSENT
brauchen

PASSÉ
gebraucht haben

PARTICIPE

PRÉSENT
brauchend

PASSÉ
gebraucht

IMPÉRATIF
brauch(e)!
braucht!
brauchen wir!
brauchen Sie!

FUTUR ANTÉRIEUR
ich werde gebraucht haben
du wirst gebraucht haben, etc.

DÜRFEN *avoir le droit de, pouvoir*

PRÉSENT
ich darf
du darfst
er/sie/es darf
wir dürfen
ihr dürft
Sie dürfen
sie dürfen

PRÉTÉRIT
ich durfte
du durftest
er/sie/es durfte
wir durften
ihr durftet
Sie durften
sie durften

FUTUR
ich werde dürfen
du wirst dürfen
er/sie/es wird dürfen
wir werden dürfen
ihr werdet dürfen
Sie werden dürfen
sie werden dürfen

PASSÉ COMPOSÉ[1]
ich habe gedurft
du hast gedurft
er/sie/es hat gedurft
wir haben gedurft
ihr habt gedurft
Sie haben gedurft
sie haben gedurft

PLUS-QUE-PARFAIT[2]
ich hatte gedurft
du hattest gedurft
er/sie/es hatte gedurft
wir hatten gedurft
ihr hattet gedurft
Sie hatten gedurft
sie hatten gedurft

CONDITIONNEL
ich würde dürfen
du würdest dürfen
er/sie/es würde dürfen
wir würden dürfen
ihr würdet dürfen
Sie würden dürfen
sie würden dürfen

SUBJONCTIF

PRÉSENT
ich dürfe
du dürfest
er/sie/es dürfe
wir dürfen
ihr dürfet
Sie dürfen
sie dürfen

PASSÉ COMPOSÉ[1]
ich habe gedurft
du habest gedurft
er/sie/es habe gedurft
wir haben gedurft
ihr habet gedurft
Sie haben gedurft
sie haben gedurft

PRÉTÉRIT
ich dürfte
du dürftest
er/sie/es dürfte
wir dürften
ihr dürftet
Sie dürften
sie dürften

PLUS-QUE-PARFAIT[3]
ich hätte gedurft
du hättest gedurft
er/sie/es hätte gedurft
wir hätten gedurft
ihr hättet gedurft
Sie hätten gedurft
sie hätten gedurft

INFINITIF

PRÉSENT
dürfen

PASSÉ
gedurft haben

PARTICIPE

PRÉSENT
dürfend

PASSÉ
gedurft/dürfen

FUTUR ANTÉRIEUR
ich werde gedurft haben/haben dürfen
du wirst gedurft haben/haben dürfen, etc.

N.B. : lorsqu'il est précédé d'un infinitif :
1 ich habe... dürfen, etc.
2 ich hatte... dürfen, etc.
3 ich hätte... dürfen, etc.

HABEN *avoir*

PRÉSENT	PRÉTÉRIT	FUTUR
ich habe	ich hatte	ich werde haben
du hast	du hattest	du wirst haben
er/sie/es hat	er/sie/es hatte	er/sie/es wird haben
wir haben	wir hatten	wir werden haben
ihr habt	ihr hattet	ihr werdet haben
Sie haben	Sie hatten	Sie werden haben
sie haben	sie hatten	sie werden haben

PASSÉ COMPOSÉ	PLUS-QUE-PARFAIT	CONDITIONNEL
ich habe gehabt	ich hatte gehabt	ich würde haben
du hast gehabt	du hattest gehabt	du würdest haben
er/sie/es hat gehabt	er/sie/es hatte gehabt	er/sie/es würde haben
wir haben gehabt	wir hatten gehabt	wir würden haben
ihr habt gehabt	ihr hattet gehabt	ihr würdet haben
Sie haben gehabt	Sie hatten gehabt	Sie würden haben
sie haben gehabt	sie hatten gehabt	sie würden haben

SUBJONCTIF

PRÉSENT	PASSÉ COMPOSÉ
ich habe	ich habe gehabt
du habest	du habest gehabt
er/sie/es habe	er/sie/es habe gehabt
wir haben	wir haben gehabt
ihr habet	ihr habet gehabt
Sie haben	Sie haben gehabt
sie haben	sie haben gehabt

PRÉTÉRIT	PLUS-QUE-PARFAIT
ich hätte	ich hätte gehabt
du hättest	du hättest gehabt
er/sie/es hätte	er/sie/es hätte gehabt
wir hätten	wir hätten gehabt
ihr hättet	ihr hättet gehabt
Sie hätten	Sie hätten gehabt
sie hätten	sie hätten gehabt

INFINITIF

PRÉSENT
haben

PASSÉ
gehabt haben

PARTICIPE

PRÉSENT
habend

PASSÉ
gehabt

IMPÉRATIF

hab(e)!
habt!
haben wir!
haben Sie!

FUTUR ANTÉRIEUR

ich werde gehabt haben
du wirst gehabt haben, etc.

KÖNNEN *pouvoir*

PRÉSENT
ich kann
du kannst
er/sie/es kann
wir können
ihr könnt
Sie können
sie können

PRÉTÉRIT
ich konnte
du konntest
er/sie/es konnte
wir konnten
ihr konntet
Sie konnten
sie konnten

FUTUR
ich werde können
du wirst können
er/sie/es wird können
wir werden können
ihr werdet können
Sie werden können
sie werden können

PASSÉ COMPOSÉ[1]
ich habe gekonnt
du hast gekonnt
er/sie/es hat gekonnt
wir haben gekonnt
ihr habt gekonnt
Sie haben gekonnt
sie haben gekonnt

PLUS-QUE-PARFAIT[2]
ich hatte gekonnt
du hattest gekonnt
er/sie/es hatte gekonnt
wir hatten gekonnt
ihr hattet gekonnt
Sie hatten gekonnt
sie hatten gekonnt

CONDITIONNEL
ich würde können
du würdest können
er/sie/es würde können
wir würden können
ihr würdet können
Sie würden können
sie würden können

SUBJONCTIF

PRÉSENT
ich könne
du könnest
er/sie/es könne
wir können
ihr könnet
Sie können
sie können

PASSÉ COMPOSÉ[1]
ich habe gekonnt
du habest gekonnt
er/sie/es habe gekonnt
wir haben gekonnt
ihr habet gekonnt
Sie haben gekonnt
sie haben gekonnt

PRÉTÉRIT
ich könnte
du könntest
er/sie/es könnte
wir könnten
ihr könntet
Sie könnten
sie könnten

PLUS-QUE-PARFAIT[3]
ich hätte gekonnt
du hättest gekonnt
er/sie/es hätte gekonnt
wir hätten gekonnt
ihr hättet gekonnt
Sie hätten gekonnt
sie hätten gekonnt

INFINITIF

PRÉSENT
können

PASSÉ
gekonnt haben

PARTICIPE

PRÉSENT
könnend

PASSÉ
gekonnt/können

FUTUR ANTÉRIEUR
ich werde gekonnt haben/haben können
du wirst gekonnt haben/haben können, etc.

N.B. : lorsqu'il est précédé d'un infinitif :
1 ich habe... können, etc.
2 ich hatte... können, etc.
3 ich hätte... können, etc.

MÖGEN *aimer*

PRÉSENT	PRÉTÉRIT	FUTUR
ich mag	ich mochte	ich werde mögen
du magst	du mochtest	du wirst mögen
er/sie/es mag	er/sie/es mochte	er/sie/es wird mögen
wir mögen	wir mochten	wir werden mögen
ihr mögt	ihr mochtet	ihr werdet mögen
Sie mögen	Sie mochten	Sie werden mögen
sie mögen	sie mochten	sie werden mögen

PASSÉ COMPOSÉ[1]	PLUS-QUE-PARFAIT[2]	CONDITIONNEL
ich habe gemocht	ich hatte gemocht	ich würde mögen
du hast gemocht	du hattest gemocht	du würdest mögen
er/sie/es hat gemocht	er/sie/es hatte gemocht	er/sie/es würde mögen
wir haben gemocht	wir hatten gemocht	wir würden mögen
ihr habt gemocht	ihr hattet gemocht	ihr würdet mögen
Sie haben gemocht	Sie hatten gemocht	Sie würden mögen
sie haben gemocht	sie hatten gemocht	sie würden mögen

SUBJONCTIF

PRÉSENT	PASSÉ COMPOSÉ[1]
ich möge	ich habe gemocht
du mögest	du habest gemocht
er/sie/es möge	er/sie/es habe gemocht
wir mögen	wir haben gemocht
ihr möget	ihr habet gemocht
Sie mögen	Sie haben gemocht
sie mögen	sie haben gemocht

PRÉTÉRIT	PLUS-QUE-PARFAIT[3]
ich möchte	ich hätte gemocht
du möchtest	du hättest gemocht
er/sie/es möchte	er/sie/es hätte gemocht
wir möchten	wir hätten gemocht
ihr möchtet	ihr hättet gemocht
Sie möchten	Sie hätten gemocht
sie möchten	sie hätten gemocht

INFINITIF

PRÉSENT
mögen

PASSÉ
gemocht haben

PARTICIPE

PRÉSENT
mögend

PASSÉ
gemocht/mögen

FUTUR ANTÉRIEUR
ich werde gemocht haben/haben mögen
du wirst gemocht haben/haben mögen, etc.

N.B. : lorsqu'il est précédé d'un infinitif :
1 ich habe... mögen, etc.
2 ich hatte... mögen, etc.
3 ich hätte... mögen, etc.

MÜSSEN *devoir (obligation)*

PRÉSENT
ich muss
du musst
er/sie/es muss
wir müssen
ihr müsst
Sie müssen
sie müssen

PRÉTÉRIT
ich musste
du musstest
er/sie/es musste
wir mussten
ihr musstet
Sie mussten
sie mussten

FUTUR
ich werde müssen
du wirst müssen
er/sie/es wird müssen
wir werden müssen
ihr werdet müssen
Sie werden müssen
sie werden müssen

PASSÉ COMPOSÉ[1]
ich habe gemusst
du hast gemusst
er/sie/es hat gemusst
wir haben gemusst
ihr habt gemusst
Sie haben gemusst
sie haben gemusst

PLUS-QUE-PARFAIT[2]
ich hatte gemusst
du hattest gemusst
er/sie/es hatte gemusst
wir hatten gemusst
ihr hattet gemusst
Sie hatten gemusst
sie hatten gemusst

CONDITIONNEL
ich würde müssen
du würdest müssen
er/sie/es würde müssen
wir würden müssen
ihr würdet müssen
Sie würden müssen
sie würden müssen

SUBJONCTIF
PRÉSENT
ich müsse
du müssest
er/sie/es müsse
wir müssen
ihr müsset
Sie müssen
sie müssen

PASSÉ COMPOSÉ[1]
ich habe gemusst
du habest gemusst
er/sie/es habe gemusst
wir haben gemusst
ihr habet gemusst
Sie haben gemusst
sie haben gemusst

PRÉTÉRIT
ich müsste
du müsstest
er/sie/es müsste
wir müssten
ihr müsstet
Sie müssten
sie müssten

PLUS-QUE-PARFAIT[3]
ich hätte gemusst
du hättest gemusst
er/sie/es hätte gemusst
wir hätten gemusst
ihr hättet gemusst
Sie hätten gemusst
sie hätten gemusst

INFINITIF
PRÉSENT
müssen
PASSÉ
gemusst haben

PARTICIPE
PRÉSENT
müssend
PASSÉ
gemusst/müssen

FUTUR ANTÉRIEUR
ich werde gemusst haben/haben müssen
du wirst gemusst haben/haben müssen, etc.

N.B. : lorsqu'il est précédé d'un infinitif :
1 ich habe... müssen, etc.
2 ich hatte... müssen, etc.
3 ich hätte... müssen, etc.

SEIN *être*

PRÉSENT	PRÉTÉRIT	FUTUR
ich bin	ich war	ich werde sein
du bist	du warst	du wirst sein
er/sie/es ist	er/sie/es war	er/sie/es wird sein
wir sind	wir waren	wir werden sein
ihr seid	ihr wart	ihr werdet sein
Sie sind	Sie waren	Sie werden sein
sie sind	sie waren	sie werden sein

PASSÉ COMPOSÉ	PLUS-QUE-PARFAIT	CONDITIONNEL
ich bin gewesen	ich war gewesen	ich würde sein
du bist gewesen	du warst gewesen	du würdest sein
er/sie/es ist gewesen	er/sie/es war gewesen	er/sie/es würde sein
wir sind gewesen	wir waren gewesen	wir würden sein
ihr seid gewesen	ihr wart gewesen	ihr würdet sein
Sie sind gewesen	Sie waren gewesen	Sie würden sein
sie sind gewesen	sie waren gewesen	sie würden sein

SUBJONCTIF

PRÉSENT	PASSÉ COMPOSÉ
ich sei	ich sei gewesen
du sei(e)st	du sei(e)st gewesen
er/sie/es sei	er/sie/es sei gewesen
wir seien	wir seien gewesen
ihr seiet	ihr seiet gewesen
Sie seien	Sie seien gewesen
sie seien	sie seien gewesen

PRÉTÉRIT	PLUS-QUE-PARFAIT
ich wäre	ich wäre gewesen
du wär(e)st	du wär(e)st gewesen
er/sie/es wäre	er/sie/es wäre gewesen
wir wären	wir wären gewesen
ihr wär(e)t	ihr wär(e)t gewesen
Sie wären	Sie wären gewesen
sie wären	sie wären gewesen

INFINITIF

PRÉSENT

sein

PASSÉ

gewesen sein

PARTICIPE

PRÉSENT

seiend

PASSÉ

gewesen

IMPÉRATIF

sei!
seid!
seien wir!
seien Sie!

FUTUR ANTÉRIEUR

ich werde gewesen sein
du wirst gewesen sein, etc.

SOLLEN *devoir*

PRÉSENT
ich soll
du sollst
er/sie/es soll
wir sollen
ihr sollt
Sie sollen
sie sollen

PRÉTÉRIT
ich sollte
du solltest
er/sie/es sollte
wir sollten
ihr solltet
Sie sollten
sie sollten

FUTUR
ich werde sollen
du wirst sollen
er/sie/es wird sollen
wir werden sollen
ihr werdet sollen
Sie werden sollen
sie werden sollen

PASSÉ COMPOSÉ[1]
ich habe gesollt
du hast gesollt
er/sie/es hat gesollt
wir haben gesollt
ihr habt gesollt
Sie haben gesollt
sie haben gesollt

PLUS-QUE-PARFAIT[2]
ich hatte gesollt
du hattest gesollt
er/sie/es hatte gesollt
wir hatten gesollt
ihr hattet gesollt
Sie hatten gesollt
sie hatten gesollt

CONDITIONNEL
ich würde sollen
du würdest sollen
er/sie/es würde sollen
wir würden sollen
ihr würdet sollen
Sie würden sollen
sie würden sollen

SUBJONCTIF

PRÉSENT
ich solle
du sollest
er/sie/es solle
wir sollen
ihr sollet
Sie sollen
sie sollen

PASSÉ COMPOSÉ[1]
ich habe gesollt
du habest gesollt
er/sie/es habe gesollt
wir haben gesollt
ihr habet gesollt
Sie haben gesollt
sie haben gesollt

PRÉTÉRIT
ich sollte
du solltest
er/sie/es sollte
wir sollten
ihr solltet
Sie sollten
sie sollten

PLUS-QUE-PARFAIT[3]
ich hätte gesollt
du hättest gesollt
er/sie/es hätte gesollt
wir hätten gesollt
ihr hättet gesollt
Sie hätten gesollt
sie hätten gesollt

INFINITIF

PRÉSENT
sollen

PASSÉ
gesollt haben

PARTICIPE

PRÉSENT
sollend

PASSÉ
gesollt/sollen

FUTUR ANTÉRIEUR
ich werde gesollt haben/haben sollen
du wirst gesollt haben/haben sollen, etc.

N.B. : lorsqu'il est précédé d'un infinitif :
1 ich habe... sollen, etc.
2 ich hatte... sollen, etc.
3 ich hätte... sollen, etc.

STÜRZEN *tomber lourdement*

PRÉSENT	PRÉTÉRIT	FUTUR
ich stürze	ich stürzte	ich werde stürzen
du stürzt	du stürztest	du wirst stürzen
er/sie/es stürzt	er/sie/es stürzte	er/sie/es wird stürzen
wir stürzen	wir stürzten	wir werden stürzen
ihr stürzt	ihr stürztet	ihr werdet stürzen
Sie stürzen	Sie stürzten	Sie werden stürzen
sie stürzen	sie stürzten	sie werden stürzen

PASSÉ COMPOSÉ	PLUS-QUE-PARFAIT	CONDITIONNEL
ich bin gestürzt	ich war gestürzt	ich würde stürzen
du bist gestürzt	du warst gestürzt	du würdest stürzen
er/sie/es ist gestürzt	er/sie/es war gestürzt	er/sie/es würde stürzen
wir sind gestürzt	wir waren gestürzt	wir würden stürzen
ihr seid gestürzt	ihr wart gestürzt	ihr würdet stürzen
Sie sind gestürzt	Sie waren gestürzt	Sie würden stürzen
sie sind gestürzt	sie waren gestürzt	sie würden stürzen

SUBJONCTIF

PRÉSENT	PASSÉ COMPOSÉ
ich stürze	ich sei gestürzt
du stürzest	du sei(e)st gestürzt
er/sie/es stürze	er/sie/es sei gestürzt
wir stürzen	wir seien gestürzt
ihr stürzet	ihr seiet gestürzt
Sie stürzen	Sie seien gestürzt
sie stürzen	sie seien gestürzt

PRÉTÉRIT	PLUS-QUE-PARFAIT
ich stürzte	ich wäre gestürzt
du stürztest	du wär(e)st gestürzt
er/sie/es stürzte	er/sie/es wäre gestürzt
wir stürzten	wir wären gestürzt
ihr stürztet	ihr wär(e)t gestürzt
Sie stürzten	Sie wären gestürzt
sie stürzten	sie wären gestürzt

INFINITIF

PRÉSENT
stürzen

PASSÉ
gestürzt sein

PARTICIPE

PRÉSENT
stürzend

PASSÉ
gestürzt

IMPÉRATIF

stürz(e)!
stürzt!
stürzen wir!
stürzen Sie!

FUTUR ANTÉRIEUR

ich werde gestürzt sein
du wirst gestürzt sein, etc.

WERDEN *devenir*

PRÉSENT	PRÉTÉRIT	FUTUR
ich werde	ich wurde	ich werde werden
du wirst	du wurdest	du wirst werden
er/sie/es wird	er/sie/es wurde	er/sie/es wird werden
wir werden	wir wurden	wir werden werden
ihr werdet	ihr wurdet	ihr werdet werden
Sie werden	Sie wurden	Sie werden werden
sie werden	sie wurden	sie werden werden

PASSÉ COMPOSÉ[1]	PLUS-QUE-PARFAIT[2]	CONDITIONNEL
ich bin geworden	ich war geworden	ich würde werden
du bist geworden	du warst geworden	du würdest werden
er/sie/es ist geworden	er/sie/es war geworden	er/sie/es würde werden
wir sind geworden	wir waren geworden	wir würden werden
ihr seid geworden	ihr wart geworden	ihr würdet werden
Sie sind geworden	Sie waren geworden	Sie würden werden
sie sind geworden	sie waren geworden	sie würden werden

SUBJONCTIF

PRÉSENT	PASSÉ COMPOSÉ[3]
ich werde	ich sei geworden
du werdest	du sei(e)st geworden
er/sie/es werde	er/sie/es sei geworden
wir werden	wir seien geworden
ihr werdet	ihr seiet geworden
Sie werden	Sie seien geworden
sie werden	sie seien geworden

PRÉTÉRIT	PLUS-QUE-PARFAIT[4]
ich würde	ich wäre geworden
du würdest	du wär(e)st geworden
er/sie/es würde	er/sie/es wäre geworden
wir würden	wir wären geworden
ihr würdet	ihr wär(e)t geworden
Sie würden	Sie wären geworden
sie würden	sie wären geworden

INFINITIF

PRÉSENT
werden
PASSÉ[6]
geworden sein

PARTICIPE

PRÉSENT
werdend
PASSÉ
geworden

IMPÉRATIF

werde!
werdet!
werden wir!
werden Sie!

FUTUR ANTÉRIEUR[5]
ich werde geworden sein
du wirst geworden sein, etc.

N.B. : lorsqu'il est précédé d'un participe passé à la voix passive :
1 ich bin... worden, etc.
2 ich war... worden, etc.
3 ich sei... worden, etc.
4 ich wäre... worden, etc.
5 ich werde...worden sein, etc.
6 ... worden sein

WOLLEN *vouloir*

PRÉSENT	PRÉTÉRIT	FUTUR
ich will	ich wollte	ich werde wollen
du willst	du wolltest	du wirst wollen
er/sie/es will	er/sie/es wollte	er/sie/es wird wollen
wir wollen	wir wollten	wir werden wollen
ihr wollt	ihr wolltet	ihr werdet wollen
Sie wollen	Sie wollten	Sie werden wollen
sie wollen	sie wollten	sie werden wollen

PASSÉ COMPOSÉ[1]	PLUS-QUE-PARFAIT[2]	CONDITIONNEL
ich habe gewollt	ich hatte gewollt	ich würde wollen
du hast gewollt	du hattest gewollt	du würdest wollen
er/sie/es hat gewollt	er/sie/es hatte gewollt	er/sie/es würde wollen
wir haben gewollt	wir hatten gewollt	wir würden wollen
ihr habt gewollt	ihr hattet gewollt	ihr würdet wollen
Sie haben gewollt	Sie hatten gewollt	Sie würden wollen
sie haben gewollt	sie hatten gewollt	sie würden wollen

SUBJONCTIF

PRÉSENT	PASSÉ COMPOSÉ[1]
ich wolle	ich habe gewollt
du wollest	du habest gewollt
er/sie/es wolle	er/sie/es habe gewollt
wir wollen	wir haben gewollt
ihr wollet	ihr habet gewollt
Sie wollen	Sie haben gewollt
sie wollen	sie haben gewollt

PRÉTÉRIT	PLUS-QUE-PARFAIT[3]
ich wollte	ich hätte gewollt
du wolltest	du hättest gewollt
er/sie/es wollte	er/sie/es hätte gewollt
wir wollten	wir hätten gewollt
ihr wolltet	ihr hättet gewollt
Sie wollten	Sie hätten gewollt
sie wollten	sie hätten gewollt

INFINITIF
PRÉSENT
wollen
PASSÉ
gewollt haben

PARTICIPE
PRÉSENT
wollend
PASSÉ
gewollt/wollen

IMPÉRATIF
wolle!
wollt!
wollen wir!
wollen Sie!

FUTUR ANTÉRIEUR
ich werde gewollt haben/haben wollen
du wirst gewollt haben/haben wollen, etc.

N.B. : lorsqu'il est précédé d'un infinitif :
1 ich habe... wollen, etc.
2 ich hatte... wollen, etc.
3 ich hätte... wollen, etc.

7 LES PRÉPOSITIONS

Les prépositions sont des mots tels que “hors de”, “dans”, “avec”, etc., qui permettent d’introduire un complément. Elles sont suivies de noms ou de pronoms, qui en allemand doivent être au cas déterminé par la préposition. Beaucoup ne régissent qu’un seul cas, mais certaines en régissent plus d’un (voir pages 192-202 et 204).

Les prépositions les plus courantes sont classées ci-dessous en cinq catégories suivant qu’elles régissent le datif, l’accusatif, le génitif, le datif ou l’accusatif, ou bien le génitif ou le datif. Elles sont classées par ordre alphabétique, avec les acceptions les plus courantes à gauche (en italique), suivies d’une description de leur emploi et d’une illustration de leur usage à droite.

A SUIVIES SEULEMENT DU DATIF

AUS

(hors) de	éloignement	er lief **aus** dem Haus *il sortit de la maison en courant*
de	origine	ich stamme **aus** Italien *je viens d’Italie*
	provenance	**aus** dieser Richtung *de cette direction*
	temps	ein Gemälde **aus** dem 18. Jahrhundert *une peinture du XVIIIe siècle*
par	cause	**aus** Langeweile *par ennui*
en	matière	**aus** Holz *en bois*

AUSSER

à part		**außer** einem Frosch habe ich keine Haustiere *à part une grenouille, je n’ai pas d’animaux domestiques*

hors de		**außer** Atem/Betrieb/Gefahr/Kontrolle *hors d'haleine/d'usage/de danger/de contrôle*
	expression	wir essen nie **außer** Hause *nous ne mangeons jamais à l'extérieur*

BEI

près de	lieu	er wohnt **bei** der Post *il habite près de la poste*
chez	lieu	**bei** mir/Ihnen/Schmidts *chez moi/vous/les Schmidt*
		beim (= bei dem) Bäcker *chez le boulanger*
à	lieu	**bei** Monoprix *à Monoprix*
	temps	**bei** Tagesanbruch *à la pointe du jour*
lors de, à	temps	**bei** seiner Ankunft/Abfahrt *à son arrivée/départ*
sur	lieu	hat jemand Geld **bei** sich? *est-ce que quelqu'un a de l'argent sur lui ?*
avec	+ nom/pronom	**bei** ihr war es anders *avec elle, c'était différent*
chez	+ noms d'auteurs, etc.	**bei** Goethe/Molière *chez Goethe/Molière*
pendant	temps	**bei** Tag/Nacht *le jour/la nuit*
en train de		er ist gerade **beim** Abwaschen *il est en train de faire la vaisselle*

Remarque :

Remarquez que **bei** ne peut pas s'employer avec des verbes de mouvement. Comparez les deux exemples suivants :

er übernachtet bei seiner Mutter
il passe la nuit chez sa mère

er fährt gerade zu seiner Mutter
il se rend chez sa mère

Gegenüber

en face de	lieu	**gegenüber** dem Park/dem Park **gegenüber** *en face du parc*
envers		er ist mir **gegenüber** sehr freundlich *il est très aimable envers moi*
en comparaison avec		ihm **gegenüber** ist sie fast ein Genie *par rapport à lui, c'est presque un génie*

Gemäss

selon		unseren Wünschen **gemäß** *selon nos vœux*

Mit

avec	accompagnement	**mit** nur einem Löffel Zucker *avec juste une cuillerée de sucre*
	moyen	er geht **mit** einem Stock *il marche avec une canne*
en, par	moyen de transport	**mit** dem Auto/Flugzeug/Zug *en voiture/avion/train*
à	âge	**mit** 30 Jahren *à 30 ans*
	vitesse	**mit** 100 Stundenkilometern *à 100 kilomètres heure*

Nach

pour	destination	der Zug **nach** Athen *le train pour Athènes*
en	destination	wir wollten **nach** China fahren *nous voulions aller en Chine*
	direction	**nach** oben/unten gehen *aller en haut/en bas*
à	destination	wer geht **nach** Hause? *qui va à la maison ?*
	direction	**nach** rechts/links gehen *aller à gauche/à droite*
après	temps	**nach** der Prüfung/zwei Jahren *après l'examen/deux ans*

	ordre	er betrat das Zimmer **nach** mir *il est entré dans la pièce après moi*
	heure	es ist 5 (Minuten) **nach** 3 *il est 3 h 05*
selon		meiner Meinung **nach** *selon moi*

SEIT

depuis	temps	wir warten **seit** einer Stunde *nous attendons depuis une heure*

VON

de	lieu	**von** Lübeck **bis** Hamburg *de Lübeck à Hambourg*
	heure	**von** 6 bis 9 Uhr abends *de 6 heures à 9 heures du soir*
	date	**vom** (= von dem) 1. bis zum 15. Juli *du 1er au 15 juillet*
	appartenance	jeder/viele **von** uns *chacun/beaucoup d'entre nous*
	complément du nom	eine Platte **von** den Beatles *un disque des Beatles*
à	lieu	wir holen dich **vom** Bahnhof ab *nous te prendrons à la gare*
	possession	ein Freund **von** mir *un ami à moi*
par	complément d'agent	dieses Dorf wurde **vom** Feind zerstört *ce village a été détruit par l'ennemi*

Remarque :

À l'oral, on emploie souvent **von** à la place du génitif :

die Erwartungen von deutschen Teenagern (= deutscher Teenager)
les attentes des adolescents allemands

ZU

à	lieu	zu Hause sein *être à la maison*
	destination	wie komme ich zur (= zu der) Post? *comment est-ce que je peux aller à la poste ?*
	temps	zu Ostern/Weihnachten *à Pâques/Noël*
	prix	zu 1 Euro das Stück *à 1 euro la pièce*
		zum (= zu dem) halben Preis *à moitié prix*
	manière, moyen	zu Fuß *à pied*
chez	destination	er muss zum Arzt *il doit aller chez le docteur*
pour	temps	zurzeit *pour le moment*
		zum ersten Mal *pour la première fois*
	+ infinitif	sie kam kaum zum Schreiben *elle a à peine trouvé le temps d'écrire*

B SUIVIES SEULEMENT DE L'ACCUSATIF

BIS

à	temps	bis nächstes Jahr! *à l'année prochaine !*
	expression	bis bald/später! *à bientôt/à plus tard !*
avant	temps	bis morgen *avant demain*
jusqu'à	temps	bis jetzt *jusqu'à présent*

Remarque :

Notez que **bis** est souvent accompagné d'autres prépositions qui déterminent alors le cas du nom ou du pronom qui suit :

bis **zum** 10. Juni
jusqu'au 10 juin

bis **an** die Grenze
jusqu'à la frontière

bis **auf** dich sind wir alle fertig
à part toi, nous sommes tous prêts

DURCH

à travers	lieu	er lief **durch** das Dorf *il traversa le village en courant*
par	moyen	nur **durch** Fleiß macht man Fortschritte *on ne fait de progrès qu'en travaillant dur*
		ich habe sie **durch** meinen Vater kennen gelernt *j'ai fait sa connaissance par mon père*
		durch Zufall *par chance*
	complément d'agent	die Ernte wurde **durch** Hagel vernichtet *la récolte a été détruite par la grêle*

ENTLANG

le long de	lieu	sie lief den Fluss **entlang** *elle courut le long de la rivière*

FÜR

pour	+ nom/pronom	ich habe ein Geschenk **für** dich! *j'ai un cadeau pour toi !*
	prix	wir haben es **für** 500 Euro bekommen *nous l'avons eu pour 500 euros*
pendant, pour	temps	**für** ein Jahr *pendant/pour un an*

GEGEN

contre		was hast du **gegen** mich/diese Idee? *qu'est-ce que tu as contre moi/cette idée ?*

		gegen alle Erwartungen *contre toute attente*
		haben Sie Tabletten **gegen** Halsweh? *avez-vous des comprimés pour/contre le mal de gorge ?*
	lieu	er lehnte sich **gegen** die Mauer *il s'appuya contre le mur*
vers	temps	**gegen** 6 Uhr *vers 6 heures*
		gegen Abend/Ende des Monats *vers le soir/la fin du mois*
en échange de, contre		**gegen** Quittung bekommen Sie Ihr Geld zurück *vous serez remboursé contre présentation de votre ticket de caisse*

OHNE

sans	sie kam **ohne** ihre Eltern *elle est venue sans ses parents*

PER

(*n'est en général pas suivi d'un article*)

par	**per** Post *par courrier*
	ich bin **per** du mit ihr *elle et moi, on se tutoie*

PRO

(*n'est en général pas suivi d'un article*)

par	zwei Mal **pro** Tag *deux fois par jour*
	1 Euro **pro** Stück *1 euro la pièce*

UM

autour	lieu	er fährt gerade **um** die Ecke *il tourne au coin de la rue*

		wir alle standen um sie (herum) *nous étions tous autour d'elle*
à	heure	um 11 Uhr *à 11 h*
vers	temps	diese Kirche wurde um 1400 gebaut *cette église fut construite vers 1400*
de	quantité	um 10 Zentimeter größer *plus long de 10 centimètres*

C SUIVIES SOIT DU DATIF, SOIT DE L'ACCUSATIF

Un certain nombre de prépositions allemandes sont suivies du datif ou de l'accusatif. On les appelle "prépositions locatives mixtes" lorsqu'elles indiquent un mouvement ou une position. Les plus courantes sont :

an	*à, sur*	über	*au-dessus de*
auf	*sur, à*	unter	*sous, au-dessous de*
hinter	*derrière*	vor	*devant, avant*
in	*dans*	zwischen	*entre*
neben	*à côté de*		

En règle générale, on emploie le **datif** lorsqu'on désigne la position d'une personne ou d'une chose, ou lorqu'on indique l'endroit où se passe une action. Wo? est l'adverbe interrogatif qui amènera ce genre d'affirmation :

wo ist Katrin? *où est Katrin ?*	→	sie sitzt auf dem Sofa *elle est assise sur le canapé*
wo hängt der Spiegel? *où est le miroir ?*	→	er hängt an der Tür *il est accroché à la porte*
wo kann man hier einen Spaziergang machen? *où est-ce qu'on peut se promener ici ?*	→	im Park kann man einen Spaziergang machen *on peut se promener dans le parc*

L'**accusatif** indique un mouvement jusqu'à ou vers un point. Wohin? est l'adverbe interrogatif qui amènera ce genre d'affirmation. Le verbe utilisé dans la phrase indique alors un mouvement, un changement d'état, etc. :

wohin **fließt** der Fluss? *où se jette la rivière ?*	→	er fließt **in** den Bodensee *elle se jette dans le lac de Constance*
wohin ist die Katze **gesprungen**? *où a sauté le chat ?*	→	sie ist **auf** den Kühlschrank gesprungen *il a sauté sur le frigo*

La forme contractée de la préposition et de l'article défini est très courante, aussi bien à l'oral qu'à l'écrit :

ans (= an das)	**am** (= an dem)
aufs (= auf das)	**auf'm** (= auf dem) *(Fam)*
hinters (= hinter das)	**hinterm** (= hinter dem)
ins (= in das)	**im** (= in dem)
übers (= über das)	**überm** (= über dem)
unters (= unter das)	**unterm** (= unter dem)
vors (= vor das)	**vorm** (= vor dem)

Il n'existe normalement pas de forme contractée pour **neben** et **zwischen**, bien qu'en allemand familier on puisse trouver **nebens** (= **neben das**).

Pour la combinaison de la préposition et du pronom (**darin**, **darauf**, etc.) voir page 88.

Pour chacun des exemples suivants, vous trouverez des phrases illustrant le plus clairement possible la différence d'usage entre les prépositions régies par l'accusatif ou par le datif :

ACCUSATIF	DATIF
AN	
sie klebte das Foto **an die** Tür *elle colla la photo sur la porte*	das Foto klebt **an der** Tür *la photo est collée sur la porte*
wir **fahren** jeden Sommer **ans** Mittelmeer *tous les étés nous allons au bord de la Méditerranée*	normalerweise **zelten** wir **am** Mittelmeer *nous campons normalement au bord de la Méditerranée*
	temps
	am Sonntag *le dimanche*
	am 31. August *le 31 août*

am Morgen/Abend
le matin/le soir

am Wochenende
le week-end

à

an Ihrer Stelle
à votre place

lieu

an der Universität
à l'université

dans

an einer Universität
dans une université

AUF

stellen Sie bitte Ihr Gepäck nicht auf das Bett!
ne mettez pas vos bagages sur le lit !

sie ist gerade auf ihr Zimmer **gegangen**
elle vient juste d'aller dans sa chambre

à direction

auf den Markt **gehen**
aller au marché

er **zieht** aufs Land
il déménage à la campagne

auf einen Baum klettern
grimper à un arbre

auf 3 Kilometer zu sehen/hören
visible/audible à trois kilomètres

de manière

auf diese Weise
de cette manière

mein Koffer steht aber nicht auf dem Bett
mais ma valise n'est pas sur le lit

auf ihrem Zimmer schläft sie sicher bald ein
elle s'endormira sûrement bientôt dans sa chambre

à lieu

auf dem Markt sein
être au marché

er wohnt auf dem Lande
il habite à la campagne

auf jeden Fall
de toute façon

en langue

auf Deutsch
en allemand

pour temps

auf einige Tage
pour quelques jours

dans lieu

auf der Straße
dans la rue

HINTER

geh nicht **hinter das** Haus!
ne va pas derrière la maison !

ein Teich liegt **hinter dem** Haus
il y a un étang derrière la maison

bitte **setzen** Sie **sich hinter mich**!
asseyez-vous derrière moi, s'il vous plaît

nun sitzen alle **hinter mir**
maintenant tout le monde est assis derrière moi

après lieu

die erste Station hinter Stuttgart
le premier arrêt après Stuttgart

au-delà de lieu

einige Kilometer **hinter der** Grenze
quelques kilomètres au-delà de la frontière

expression

die Behörden sind **hinter ihnen** her
les autorités les recherchent

IN

dans direction

unere Katze **kommt** gern **in die** Küche
notre chat aime bien venir dans la cuisine

er **geht in die** Kirche/**ins** Kino/**in den** Zoo
il va à l'église/au cinéma/au zoo

in die Alpen **reisen**
voyager dans les Alpes

gehen Sie **in diese** Richtung!
allez dans cette direction !

dans lieu

unsere Katze schläft gern **in der** Küche
notre chat aime bien dormir dans la cuisine

er ist **in der** Kirche/**im** Kino/**im** Zoo
il est à l'église/au cinéma/au zoo

in den Alpen arbeiten
travailler dans les Alpes

gehen Sie **in dieser** Richtung **weiter**!
continuez dans cette direction !

Remarque :

Mais remarquez l'absence de préposition dans cet exemple :

wir fahren jetzt Richtung Moskau
nous nous dirigeons maintenant vers Moscou

temps

es dauert bis spät **in die** Nacht (hinein)
ça continue tard dans la nuit

temps

in einer Minute
dans une minute

in der Nacht
dans la nuit

in 5 Tagen/**einer** Woche/**einem** Monat
dans 5 jours/une semaine/un mois

expression

im Ganzen
dans l'ensemble

à direction

ins Ausland/**in die** USA reisen
voyager à l'étranger/aux USA

à lieu

im Ausland/**in den** USA arbeiten
travailler à l'étranger/aux USA

Remarque :

Avec la plupart des pays, les prépositions employées sont **nach** (direction) et **in** (position) :

nach Schweden reisen
voyager en Suède

in Schweden arbeiten
travailler en Suède

expression

im Gegenteil
au contraire

en direction

in Urlaub fahren/gehen
aller en vacances

en lieu, situation

im Urlaub sein
être en vacances

de vêtements

in einen blauen Anzug gekleidet
vêtu d'un costume bleu

en vêtements

in Stiefel**n**/Blau
en bottes/en bleu

en

gut in Physik
bon en physique

temps

im November/Herbst
en novembre/automne

im Jahre 1967
en 1967

\+ participe présent

im Vorbeigehen lächelte sie mich an
elle m'a souri en passant

expression

im Durchschnitt
en moyenne

NEBEN

sie setzte sich neben mich
elle s'assit à côté de moi

sie saß neben mir
elle était assise à côté de moi

er ging neben mir her
il marchait à côté de moi

à côté de, comparé à comparaison

neben meinen Schuhen sind deine sehr teuer
par rapport à mes chaussures, les tiennes sont très chères

en plus de

neben diesen Kosten muss ich noch Mehrwertsteuer zahlen
en plus de ces dépenses, je dois aussi payer la TVA

ÜBER

fahren Sie links über den Kanal
prenez sur la gauche et traversez le canal

ein Panzerwagen fährt über das Feld
un tank traverse le champ

über dem Kanal lag dichter Nebel
il y avait un brouillard épais sur le canal

ein Hubschrauber kreiste über dem Haus
un hélicoptère tournait au-dessus de la maison

via lieu

wir fliegen über Russland nach China
nous prenons l'avion pour la Chine via la Russie

par complément d'agent

das habe ich über einen Freund bekommen
je l'ai eu par un ami

plus de temps

über eine Stunde
plus d'une heure

seit über einem Jahr wohne ich hier
je vis ici depuis plus d'un an

âge

Kinder über 10 Jahre
les enfants de plus de 10 ans

pendant temps

übers Wochenende
pendant le week-end

das ganze Jahr über
pendant toute l'année

sur/au sujet de

ein Buch über die deutsche Grammatik
un livre sur la grammaire allemande

de montant

ein Scheck über 100 Euro
un chèque de 100 euros

au-dessus de supériorité

sie steht über uns allen
elle est au-dessus de nous tous

über dem Durchschnitt
au-dessus de la moyenne

UNTER

das Auto fuhr unter die Brücke
la voiture passa sous le pont

ich warte schon eine Stunde unter dieser Brücke
j'attends depuis déjà une heure sous ce pont

er legte sich unter den Baum
il se coucha sous l'arbre

die Kinder spielten unter dem Baum
les enfants jouaient sous l'arbre

sous supériorité

Sie haben zwei Arbeiter unter sich
vous avez deux ouvriers sous vos ordres

au-dessous de

unter einem Kilo/Euro
au-dessous d'un kilo/euro

unter dem Meeresspiegel
au-dessous du niveau de la mer

unter dem Durchschnitt
au-dessous de la moyenne

moins âge

Kinder **unter** 10 Jahre**n**
les enfants de moins de 10 ans

dans expression

unter Umstände**n**
dans certaines circonstances

parmi

unter ihren Freunde**n**
parmi ses amis

entre expressions

unter andere**m**
entre autres

unter uns gesagt
entre nous soit dit

à expression

unter der Bedingung, dass...
à condition que...

par

was versteht man unter "Liberalismus"?
qu'est-ce qu'on entend par "libéralisme"?

VOR

devant

er setzt sich sofort **vor den** Fernseher
il s'assied aussitôt devant la télévision

er sitzt jeden Abend **vor dem** Fernseher
il est devant la télévision tous les soirs

vor ihm lag nichts als Schlamm
il n'y avait que de la boue devant lui

ordre

A kommt vor B
A vient devant B

avant

heure

20 (Minuten) vor 6
6 heures moins 20

expression

vor alle**m**/**vor** alle**n** Dinge**n**
avant tout

temps

vor dem Krieg
avant la guerre

vor dem 19. November
avant le 19 novembre

Remarque :

Remarquez que "pas avant" se traduit par **erst** :

ich fahre erst morgen in Urlaub
je ne pars pas en vacances avant demain

il y a

temps

vor einem Jahr/einige**r** Zeit
il y a un an/pas mal de temps

de

cause

vor Hunger/Langeweile sterben
mourir de faim/d'ennui

vor Kälte zittern
trembler de froid

grün vor Neid
vert de jalousie

ZWISCHEN

der Turm fiel zwischen zwei große Lastwagen
la tour tomba entre deux gros camions

der Turm zwischen den jungen Bäumen steht noch
la tour entre les jeunes arbres est encore debout

entre temps

zwischen 4 und 5 Uhr
entre 4 et 5 heures

Kinder zwischen 5 und 10 Jahren
les enfants entre 5 et 10 ans

quantité

zwischen 4 und 5 Euro pro Stunde
entre 4 et 5 euros de l'heure

was ist der Unterschied zwischen Butter und Margarine?
quelle est la différence entre le beurre et la margarine ?

D SUIVIES DU GÉNITIF

ANHAND

au moyen de

er erläuterte seine Theorie anhand eines Beispiels
il illustra sa théorie au moyen d'un exemple

AUSSERHALB

en dehors de lieu

eine Kirche steht außerhalb des Dorf(e)s
il y a une église en dehors du village

	temps	außerhalb der Arbeitszeit *en dehors des heures de travail*

DIESSEITS

de ce côté de	lieu	diesseits der Straße *de ce côté de la rue*

INNERHALB

à l'intérieur de	lieu	innerhalb der Raumkapsel *à l'intérieur de la capsule spatiale*
en l'espace de	temps	innerhalb einer Sekunde *en l'espace d'une seconde*

JENSEITS

de l'autre côté de	lieu	jenseits des Flusses *de l'autre côté de la rivière*

KRAFT

en vertu de		kraft seines Amtes *en vertu de sa charge*

MITTELS

au moyen de		mittels eines Zweitschlüssels *au moyen d'un double de clé*

STATT

à la place de		statt des Bürgermeisters *à la place du maire*
	expression	stattdessen *au lieu de cela*

UM... WILLEN

pour, au nom de		um ihrer Mutter willen *pour (l'amour de) sa mère*
		um Gottes/Himmels willen! *pour l'amour de Dieu !/au nom du ciel !*

E SUIVIES DU GÉNITIF OU DU DATIF

DANK

grâce à

dank meines guten Gedächtnisses
ou dank meinem guten Gedächtnis
grâce à ma bonne mémoire

TROTZ

malgré

trotz strömenden Regens
ou trotz strömendem Regen
malgré une pluie diluvienne

L'emploi du datif avec trotz est généralement considéré comme familier. Vous noterez cependant les constructions suivantes qui sont couramment employées en allemand :

trotzdem
magré cela

trotz allem/alledem
malgré tout

WÄHREND

pendant

während unseres Aufenthaltes in Italien
ou während unserem Aufenthalt in Italien
pendant notre séjour en Italie

L'emploi du datif avec während relève du langage familier.

WEGEN

à cause de

wegen der hohen Preise
ou wegen den hohen Preisen
à cause des prix élevés

L'emploi du datif avec wegen est considéré comme familier.

Vous noterez les formes avec un pronom personnel :

er hat es deinetwegen getan
il l'a fait pour toi

meinetwegen kann er auch mitkommen
en ce qui me concerne, il peut aussi venir avec nous

8 LES CONJONCTIONS

Les conjonctions servent à relier des mots ou des propositions :

vor **und** hinter dem Haus
devant et derrière la maison

schön **aber** gefährlich
beau mais dangereux

nimm meinen Schirm, **damit** du nicht nass wirst
prends mon parapluie pour ne pas te mouiller

Elles se divisent en deux catégories : les conjonctions de coordination et les conjonctions de subordination.

A LES CONJONCTIONS DE COORDINATION

1 Définition

Elles relient des mots ou des groupes de mots ayant une fonction similaire (par exemple des noms, des adjectifs, des adverbes, des prépositions, des propositions ou des phrases). Elles ont pour particularité de ne pas compter comme membre de phrase et elles sont donc placées devant l'élément qui se retrouve en première position. Elles occupent la position dite "zéro" :

	aber	ich	will nicht
POSITION :	0	1	2

2 Les principales conjonctions de coordination

aber	allein	denn	oder
mais	*mais* (*littéraire*)	*car*	*ou*
sondern	sowie	und	
mais	*ainsi que*	*et*	

3 L'ordre des mots

Lorsqu'elles introduisent une proposition, l'ordre des mots est le même que dans une phrase simple, car ces conjonctions occupent la position zéro dans la phrase (voir page 222) :

ich esse gern Käse, **aber** ich trinke nicht gern Milch
j'aime le fromage mais je n'aime pas le lait

gehen wir ins Konzert, **oder** bleiben wir zu Hause?
on va au concert ou bien on reste à la maison ?

sie schlief nicht ein, **sondern** (sie) lag hellwach im Bett
elle ne s'endormit pas, mais resta éveillée dans son lit

Comme le montre l'exemple ci-dessus, **sondern** s'emploie pour deux idées opposées, quand le premier élément de la phrase contient une négation :

nicht schwarz, sondern weiß
pas noir, mais blanc

nicht klug, sondern dumm
pas intelligent, mais bête

Remarque :

La conjonction **aber** peut être aussi postposée à un membre de la phrase. On la place alors juste après le membre concerné par l'opposition exprimée par **aber**, membre qui est alors accentué :

Peter will Arzt werden; **aber** ich will Künstlerin werden
ich **aber** will Künstlerin werden
ich will **aber** Künstlerin werden
Peter veut devenir médecin ; mais moi, je veux être artiste

4 Les conjonctions se composant de deux parties

sowohl... als auch
non seulement... mais (encore)

nicht nur..., sondern auch
non seulement... mais aussi

entweder..., oder
soit... soit, ou... ou

weder... noch
ni... ni

sowohl deine Mutter **als auch** ich sind dagegen
non seulement ta mère est contre, mais moi aussi

nicht nur das Essen, **sondern auch** das Bier war sehr teuer
non seulement la nourriture était chère, mais la bière aussi

entweder sie zahlen mehr **oder** wir kündigen den Vertrag
soit ils paient plus, soit nous annulons le contrat

weder Rom **noch** Neapel hat ihnen gefallen
ni Rome ni Naples ne leur ont plu

Remarquez que, contrairement au français, le verbe n'est pas toujours au pluriel en allemand.

5 Les adverbes

Certains adverbes fonctionnent aussi comme des conjonctions de coordination. S'ils sont placés en première position, le sujet se place alors après le verbe conjugué. Parmi ces adverbes, on trouve notamment :

also *donc*	**außerdem** *de plus*	**deshalb** *c'est pourquoi*
inzwischen *entre-temps*	**sonst** *sinon*	**trotzdem** *malgré cela*

ich stehe morgen früh auf, **ich muss** also jetzt gehen
ich stehe morgen früh auf, also **muss ich** jetzt gehen
je me lève tôt demain, il faut donc que je parte maintenant

er muss heute Abend noch arbeiten; **er wäre** sonst gekommen
er muss heute Abend noch arbeiten, sonst **wäre er** gekommen
il doit encore travailler ce soir, sinon il serait venu

sie ist 35; **sie benimmt sich** trotzdem wie ein Kind
sie ist 35; trotzdem **benimmt sie sich** wie ein Kind
elle a 35 ans ; malgré cela elle se comporte comme une enfant

6 Les conjonctions à valeur explicative

das heißt *c'est-à-dire, du moins*	**und zwar** *à savoir*

er kommt morgen, das heißt, nur wenn er mit seiner Arbeit fertig ist
il vient demain, enfin, seulement s'il a terminé son travail

er möchte gern nach Deutschland fahren, und zwar nach Berlin
il voudrait bien aller en Allemagne, à Berlin pour être plus précis

B LES CONJONCTIONS DE SUBORDINATION

1 Définition

Elles relient une proposition subordonnée à une autre proposition dont elle dépend. Le verbe conjugué se place à la fin de la subordonnée. (La seule exception apparaît dans la section B3). Quand la subordonnée précède la principale (c'est-à-dire qu'elle occupe la première position), le verbe conjugué de la principale se place juste après (en deuxième position), suivi du sujet.

2 Les principales conjonctions de subordination

dass *que*	als *lorsque, quand*	bevor/ehe *avant que*
nachdem *après*	seit(dem) *depuis que*	während *pendant que*
wenn *si, quand*	als ob *comme si*	damit *afin que*
da/weil *parce que*	sodass/so dass *si bien que*	sobald *dès que*
obwohl/obgleich *au lieu de*	ohne (...) zu *si*	(an)statt (..) zu *au lieu de*
um (..) zu *pour*	ob *si*	bis *jusqu'à ce que*
falls *au cas où*		

bitte sag ihm, dass ich große Lust dazu hätte
dis-lui, s'il te plaît, que j'en aurais très envie

die Firma ging pleite, als sie 50 war
l'entreprise a fait faillite lorsqu'elle avait 50 ans

ou : als sie 50 war, **ging** die Firma pleite
lorsqu'elle avait 50 ans, l'entreprise a fait faillite

wenn wir nur Zeit hätten, würden wir so viel tun
si seulement nous avions le temps, nous ferions tellement de choses

wenn ich dir begegne, siehst du immer so traurig aus
à chaque fois que je te vois, tu parais toujours si triste

mein Schirm war kaputt, sodass ich bis auf die Haut nass wurde
mon parapluie était cassé, ce qui fait que j'étais trempé jusqu'aux os

sie ging, als ob sie blind **wäre**
elle marchait comme si elle était aveugle

On peut supprimer le ob de la conjonction als ob si l'on place le verbe conjugué juste après als :

sie ging, als **wäre** sie blind

À la différence du français, l'allemand n'emploie pas le subjonctif après **obwohl/obgleich** et **bevor/ehe**.

Ohne (...) zu, **um (...) zu** et **(an)statt (...) zu** + infinitif peuvent seulement s'employer lorsque le sujet (implicite) est le même dans chaque proposition :

> **ohne** ein Wort **zu** sagen, schlich er aus dem Haus
> *sans dire un mot, il sortit furtivement de la maison*

> ich rufe sie an, **um** sie ein**zu**laden
> *je l'appelle pour l'inviter*

3 Omission des conjonctions de subordination

On peut parfois omettre **dass** ou **wenn** :

a) Lorsque la proposition subordonnée en question vient après la proposition principale, le verbe conjugué occupe sa position "normale" (la deuxième position) dans la subordonnée :

> bitte sag ihm, ich hätte große Lust dazu
> *dis-lui, s'il te plaît, que j'en aurais très envie*

b) Lorsque la proposition subordonnée vient avant la proposition principale, c'est-à-dire qu'elle occupe la première place, le verbe conjugué de la principale se place juste après la proposition subordonnée :

> hätten wir nur Zeit, würden wir so viel tun
> *si seulement nous avions du temps, nous ferions tellement de choses*

Vous noterez que dans cet exemple et celui du point a), les deux propositions sont séparées par une virgule.

4 Les interrogatifs et ob

Les pronoms interrogatifs (par exemple **was?**, **welcher?**, **wie?**) et **ob** servent de conjonctions de subordination dans les questions au discours indirect :

> der Polizist fragte mich, **ob** ich etwas gehört hätte
> *le policier m'a demandé si j'avais entendu quelque chose*

> dann fragte er mich, **was** ich gehört hätte
> *puis il m'a demandé ce que j'avais entendu*

Voir aussi pages 229-30.

9 LES NOMBRES ET LES QUANTITÉS

A LES NOMBRES CARDINAUX

0	**null**	30	**dreißig**
1	**eins**	40	**vierzig**
2	**zwei**	50	**fünfzig**
3	**drei**	60	**sechzig**
4	**vier**	70	**siebzig**
5	**fünf**	80	**achtzig**
6	**sechs**	90	**neunzig**
7	**sieben**	100	**hundert**
8	**acht**	101	**hunderteins**
9	**neun**	130	**hundertdreißig**
10	**zehn**	200	**zweihundert**
11	**elf**	257	**zweihundert-siebenundfünfzig**
12	**zwölf**		
13	**dreizehn**	1 000	**tausend**
14	**vierzehn**	1 001	**tausend(und)eins**
15	**fünfzehn**	1 234	**tausendzweihundert-vierunddreißig**
16	**sechzehn**		
17	**siebzehn**	mais : 1990	**neunzehnhundert-neunzig** (*date*)
18	**achtzehn**		
19	**neunzehn**	2 000	**zweitausend**
20	**zwanzig**	10 000	**zehntausend**
21	**einundzwanzig**	1 000 000	**eine Million**
26	**sechsundzwanzig**	1 198 269	**eine Million hundertachtund-neunzigtausend-zweihundert-neunundsechzig**

2 000 000	**zwei Millionen**
1 000 000 000	**eine Milliarde**
1 000 000 000 000	**eine Billion**

a) Le nombre cardinal 1 prend la forme **eins**

i) en arithmétique :

eins plus **eins** gleich zwei
un plus un égalent deux

ii) lorsqu'il est le dernier élément d'un nombre composé :

zweihundert**eins** mais : zweihundert**ein**undfünfzig
deux cent un *deux cent cinquante et un*

iii) après un nom :

Zimmer **eins** Seite **eins**
chambre un *page un*

mais :

es ist **ein Uhr** in **ein oder zwei** Monaten
il est une heure *dans un ou deux mois*

b) Lorsqu'il est placé devant un nom, il se décline comme un article indéfini (voir page 22), mais on le distingue de l'article en l'accentuant dans la langue parlée :

ich habe bloß **einen** Euro gespart!
j'ai économisé seulement un euro !

Mais s'il est précédé d'un article défini, il se décline comme un adjectif normal :

den einen Schein hat er schon, den anderen aber nicht
il a déjà l'un des certificats, mais il n'a pas l'autre

c) Lorsqu'il est employé comme pronom, **ein** se décline comme **dieser** :

einer der Filme eines/eins der Bücher
un des films *un des livres*

d) On remplace parfois **zwei** par **zwo**, lorsqu'il peut être confondu avec **drei** (au téléphone par exemple).

e) Les expressions “à deux”, “à trois”, etc. (jusqu'à 12) se traduisent par **zu zweit**, **zu dritt**, **zu viert**, **zu fünft**, etc. Les expressions “par douzaines/centaines” se traduisent par **zu Dutzenden**/**Hunderten**.

f) Lorsque “dix”, “vingt”, etc. indiquent la valeur d'un timbre ou d'une pièce de monnaie, on ajoute **-er**, mais sinon ils sont invariables, sauf au datif pluriel :

eine Zwanziger (Marke)
un timbre à 20 centimes

hast du einen Zwanziger (Schein)?
tu as un billet de 20 euros ?

mit drei Hundertern in der Tasche
avec trois billets de 100 euros dans la poche

g) "Des douzaines/centaines/milliers de" se traduisent par Dutzende/Hunderte/Tausende von.

h) Comme en français, "million", "milliard" et "billion" prennent la marque du pluriel en allemand :

zwei Millionen Euro/Wörter
deux millions d'euros/de mots

B LES NOMBRES ORDINAUX

Les nombres suivants sont en général précédés d'un article, etc., et sont toujours déclinés :

1er	erst-	15ème	fünfzehnt-
2ème	zweit-	16ème	sechzehnt-
3ème	dritt-	17ème	siebzehnt-
4ème	viert-	18ème	achtzehnt-
5ème	fünft-	19ème	neunzehnt-
6ème	sechst-	20ème	zwanzigst-
7ème	siebt-	21ème	einundzwanzigst-
8ème	acht-	30ème	dreißigst-
9ème	neunt-	100ème	hundertst-
10ème	zehnt-	101ème	hunderterst-
11ème	elft-	200ème	zweihundertst-
12ème	zwölft-	1000ème	tausendst-
13ème	dreizehnt-	10 000ème	zehntausendst-
14ème	vierzehnt-	1 000 000ème	millionst-

a) Les nombres ordinaux s'accordent en genre et en cas avec le nom qui suit :

meine zwölfte Stelle
mon douzième emploi

kennen Sie ihren sechsten Mann?
connaissez-vous son sixième mari ?

L'expression "un sur dix", etc. se traduit par jeder Zehnte, etc. :

jeder Zehnte war zufrieden
il y en avait un sur dix de satisfait

b) Lorsqu'ils sont écrits en chiffres, les nombres ordinaux sont suivis d'un point :

Beethovens 9. Symphonie
la 9ème de Beethoven

Remarque :

En allemand, contrairement au français, on emploie le nombre ordinal dans la date et pour les noms de rois :

heute ist der 23. Oktober
nous sommes le 23 octobre aujourd'hui

das gehörte Karl V./Karl dem Fünften
ceci appartenait à Charles V

Après les noms de rois, on emploie le chiffre romain suivi d'un point, ou bien le nombre en toutes lettres, bien que cette dernière possibilité soit moins courante.

C LES FRACTIONS ET LES PROPORTIONS

1 Les fractions

Les fractions se forment en remplaçant le **-te** de la terminaison des nombres ordinaux par **-tel**. Ce sont des noms neutres, qui ne sont déclinés qu'au génitif singulier, où ils prennent un **-s** :

ein Drittel
un tiers ($^1/_3$)

vier Fünftel
quatre cinquièmes ($^4/_5$)

zweieinhalb
deux et demi ($2^1/_2$)

"La moitié" se traduit généralement par **die Hälfte** et "demi" par **halb** :

die Hälfte der Studenten
la moitié des étudiants

die größere Hälfte
la plus grande moitié

eine halbe Stunde
une demi-heure

ein halbes Kilo Äpfel
un demi-kilo de pommes

mais : halb so viel
moitié plus

halb tot
moitié mort

Remarque :

Notez que **anderthalb/eineinhalb** (*un(e) et demi(e)*) sont invariables et suivis d'un pluriel :

anderthalb Jahre
un an et demi

2 Les décimaux

zwei **Komma** fünf (2,5)
deux virgule cinq

3 Arithmétique

addition :	zwei **plus/und** drei gleich fünf	2 + 3 = 5
soustraction :	sieben **minus/weniger** eins gleich sechs	7 - 1 = 6
multiplication :	vier **mal** zwei gleich acht	4 x 2 = 8
division :	neun **(geteilt) durch** drei gleich drei	9 ÷ 3 = 3
puissance :	zwei **hoch** zwei gleich vier	$2^2 = 4$

On peut aussi employer **ist**, **sind** ou **macht** à la place de **gleich**.

D LES MESURES ET LES PRIX

1 Les mesures

a) Les dimensions :

dieses Zimmer ist 4 Meter lang und 3 Meter 70 breit
cette pièce fait 4 mètres de long et 3,70 mètres de large

das Loch ist 30 cm (Zentimeter) tief
le trou fait 30 cm de profondeur

er ist 1,80 m groß
il fait 1,80 m (de haut)

b) La distance :

wie weit ist es von hier bis Kassel?
il y a combien de kilomètres d'ici à Kassel ?

bis Kassel sind es bloß 3 Kilometer
il n'y a que 3 kilomètres jusqu'à Kassel

Kassel liegt 3 km von hier (entfernt)
Kassel est à 3 km d'ici

2 Les prix

was kosten die Umschläge?
combien font ces enveloppes ?

sie kosten 2 Euro 10 (2,10)
elles coûtent 2,10 euros

diese Bananen haben mich 6 Euro gekostet!
ces bananes m'ont coûté 6 euros !

75 Cent das/pro Stück
75 centimes (d'euros) la pièce

5 Euro das/pro Kilo
5 euros le kilo

Weinbrand zu 15 Euro die/pro Flasche
eau-de-vie à 15 euros la bouteille

das macht 34 Euro 90 (34,90)
ça fait 34,90 euros

10 LES EXPRESSIONS DE TEMPS

A L'HEURE

wie spät ist es?
quelle heure est-il ?

wie viel Uhr ist es?
quelle heure est-il ?

wie viel Uhr haben Sie?
quelle heure avez-vous ?

a) Les heures :

es ist ein Uhr/eins
il est une heure

es ist Mittag/Mitternacht
il est midi/minuit

L'heure qu'il est se traduit par Uhr, tandis que l'heure (durée) se traduit par Stunde.

b) Les demi-heures (notez la différence avec le français) :

es ist halb vier
il est trois heures et demie

es ist halb zwölf
il est onze heures trente/et demie

es ist halb eins (nachts/nachmittags)
il est minuit et demi/midi et demi

c) Les quarts d'heure :

es ist Viertel nach elf/viertel zwölf (*sud de l'Allemagne*)
il est onze heures et quart

es ist Viertel vor zehn/drei viertel zehn (*sud de l'Allemagne*)
il est dix heures moins le quart

d) Les minutes :

es ist acht Minuten nach neun
il est neuf heures huit

es ist sechzehn Minuten vor sechs
il est cinq heures quarante-quatre

es ist zwanzig vor sieben
il est sept heures moins vingt

es ist fünf vor/nach halb drei
il est deux heures vingt-cinq/trois heures moins vingt-cinq

Les mots Uhr et Minuten sont souvent omis.

e) "Du matin", "de l'après-midi", "du soir" :

es ist zehn Uhr vormittags
il est dix heures du matin

es ist drei Uhr nachmittags
il est trois heures de l'après-midi

es ist zwei Uhr nachts
il est deux heures du matin

es ist acht Uhr abends
il est huit heures du soir

f) L'emploi de dreizehn Uhr, vierzehn Uhr, etc. (à la place de "une heure/deux heures de l'après-midi") est le même qu'en français :

unser Zug fährt um 20 Uhr
notre train part à 20 heures

die Vorstellung fängt um 19.30 Uhr an (*se dit :* neunzehn Uhr dreißig)
la représentation commence à 19 h 30

B LA DATE

1 Les mois, les jours et les saisons

a) Les mois (die Monate)

Januar	*janvier*	Juli	*juillet*
Februar	*février*	August	*août*
März	*mars*	September	*septembre*
April	*avril*	Oktober	*octobre*
Mai	*mai*	November	*novembre*
Juni	*juin*	Dezember	*décembre*

Les noms de mois prennent une majuscule en allemand.

b) Les jours de la semaine (die Wochentage)

Montag	*lundi*	Samstag	*samedi*
Dienstag	*mardi*	Sonnabend	*samedi* (*nord de l'Allemagne*)
Mittwoch	*mercredi*		
Donnerstag	*jeudi*	Sonntag	*dimanche*
Freitag	*vendredi*		

Tout comme les mois, les jours prennent une majuscule.

c) Les saisons (die Jahreszeiten)

der Frühling	*printemps*	der Herbst	*automne*
der Sommer	*été*	der Winter	*hiver*

Les saisons prennent également une majuscule.

Remarque :

Attention aux prépositions employées :

im Juni *en juin*	am Mittwoch *(le) mercredi*	im Herbst *en automne*

2 Les dates

a) Contrairement au français, on emploie les nombres ordinaux pour la date :

der 1. (*se dit :* erste) Mai
le 1er mai

am 11. (*se dit :* elften) April
le 11 avril

La date sur une lettre ou une carte s'écrit en général de la façon suivante :

Dortmund, (den) 3.7.2003
(*se dit :* den dritten Siebten zweitausenddrei)
ou Dortmund, den 3. Juli 2003

b) “Quel jour sommes-nous ?” peut se traduire de deux manières différentes :

der Wievielte ist heute?
den Wievielten haben wir heute?

c) Pour les années, l'allemand emploie soit l'année seule, c'est-à-dire sans préposition, soit im Jahr(e) + date :

wir haben uns 1996/im Jahr(e) 1996 kennen gelernt
nous nous sommes rencontrés en 1996

d) Les années “en mille” se lisent comme des multiples de cent, sauf pour les années commençant par 10- et 20- :

1100 elfhundert (= *l'an onze cent*)

1984 neunzehnhundertvierundachtzig (= *dix-neuf cent quatre-vingt-quatre*)

1066 tausendsechsundsechzig (= *mille soixante-six*)

2003 zweitausenddrei (= *deux mille trois*)

e) Le millésime d'un vin prend la terminaison invariable **-er** :

1976er Piesporter Michelsberg

Les noms employés comme compléments circonstanciels de temps sont en général à l'accusatif :

letzt**en** Winter *l'hiver dernier*	**den** ganzen Tag *toute la journée*	**jede** Nacht *toutes les nuits*

C EXPRESSIONS IDIOMATIQUES

um 6 Uhr	*à 6 heures*
um 6 Uhr herum (*Fam*)	*aux alentours de 6 heures*
gegen 10 Uhr	*vers 10 heures*
um Mitternacht	*à minuit*
gegen Mittag	*vers midi*
Punkt 3 Uhr	*à 3 heures précises*
es ist genau 3 Uhr	*il est exactement 3 heures*
es ist 5 Uhr vorbei	*il est 5 heures passées*
ab 7 Uhr	*à partir de 7 heures*
von 9 bis 5 Uhr	*de 9 à 5 heures*
bleib bis 2 Uhr!	*reste jusqu'à 2 heures !*
das muss bis 2 Uhr fertig sein	*il faut que ce soit prêt pour 2 heures*
kurz vor 8 Uhr	*juste avant 8 heures*
kurz nach 9 Uhr	*juste après 9 heures*
eine Viertelstunde	*un quart d'heure*
eine halbe Stunde	*une demi-heure*
eine Dreiviertelstunde	*trois quarts d'heure*
morgens	*le matin* (= tous les matins)
am Morgen	*le matin*
am nächsten Morgen	*le lendemain matin*
eines Morgens	*un matin*
(am) Montagmorgen	*lundi matin*
montags morgens	*le lundi matin*
guten Morgen!	*bonjour !* (le matin)
abends	*le soir* (= tous les soirs)
am Abend	*le soir*
(am) Samstagabend	*samedi soir*
samstags abends	*le samedi soir*
eines Abends	*un soir*
jeden Abend	*tous les soirs*
guten Abend!	*bonsoir !*

nachts	*la nuit*
über Nacht	*pendant la nuit, du jour au lendemain*
Nacht für Nacht	*nuit après nuit*
eines Nachts	*une nuit*
gute Nacht!	*bonne nuit !*
heute	*aujourd'hui*
heute früh/morgen	*ce matin*
heute Nacht	*ce soir/la nuit dernière*
heutzutage	*de nos jours*
gestern	*hier*
gestern Abend	*hier soir*
vorgestern	*avant-hier*
gestern vor 8 Tagen	*il y a une semaine hier*
morgen	*demain*
morgen früh	*demain matin*
übermorgen	*après-demain*
morgen in 8 Tagen	*demain en huit*
von heute auf morgen	*du jour au lendemain*
am Sonntag	*dimanche/le dimanche*
erst am Sonntag	*pas avant dimanche*
sonntags, jeden Sonntag	*le dimanche, tous les dimanches*
täglich (Tages-)	*tous les jours, par jour*
alltäglich	*quotidien*
in drei Tagen	*dans trois jours*
tagsüber	*pendant la journée*
eines Tages	*un jour*
den ganzen Tag	*toute la journée*
letzte/nächste Woche	*la semaine dernière/prochaine*
vorletzte Woche	*il y a quinze jours*
die Woche davor	*la semaine d'avant*
übernächste Woche	*dans quinze jours*
die Woche danach	*la semaine d'après*
wöchentlich (Wochen-)	*chaque semaine, hebdomadaire*
während/unter der Woche	*pendant la semaine*
am/übers Wochenende	*le week-end*
letzten/nächsten Monat	*le mois dernier/prochain*
monatlich (Monats-)	*chaque mois, mensuel*
zwei Monate lang	*pendant deux mois*
vor zwei Monaten	*il y a deux mois*
er verdient 2 000 Euro im Monat	*il gagne 2 000 euros par mois*

Anfang/Ende März	*au début/à la fin du mois de mars*
letztes/nächstes Jahr	*l'année dernière/prochaine*
jährlich (Jahres-)	*chaque année, par an*
2004/im Jahr(e) 2004	*en 2004*
in den 60er-Jahren	*dans les années 60*
das Schaltjahr	*année bissextile*
im 19. Jahrhundert	*au XIXe siècle*
aus dem 15. Jh.	*du XVe siècle*
mittelalterlich	*médiéval*
500 v. Chr. (= vor Christus)	*500 avant J.-C.*
500 n. Chr. (= nach Christus)	*500 après J.-C.*
Ostern	*Pâques*
Pfingsten	*la Pentecôte*
Weihnachten	*Noël*
Silvester	*la Saint-Sylvestre*
er ist 18 Jahre alt	*il a 18 ans*
sie ist in den Zwanzigern	*elle a une vingtaine d'années*
er ist Mitte 40	*il a environ 45 ans*
in mittlerem Alter	*d'un certain âge (45-55)*
in diesem Alter	*à cet âge*
das erste Mal	*la première fois*
zum ersten Mal	*pour la première fois*
meine Uhr geht vor/nach	*ma montre avance/retarde*
der Zug hat 5 Minuten Verspätung	*le train a 5 minutes de retard*
im Augenblick	*pour le moment*
früher oder später	*tôt ou tard*
mit der Zeit	*avec le temps, à la longue*
im Laufe der Zeit	*avec le temps*
seit einiger Zeit	*depuis quelque temps*
eine Zeit lang	*pendant quelque temps*
für/auf immer	*pour toujours*
Zeit verbringen	*passer du temps*
Zeit vergeuden	*perdre du temps*
sich (*dat.*) Zeit für etwas (*acc.*) nehmen	*prendre du temps pour*

11 LA PHRASE

A L'ORDRE DES MOTS

1 La proposition principale

a) Dans une proposition principale ou dans une phrase assertive, le verbe conjugué se place toujours en deuxième position. Il constitue le noyau de la phrase autour duquel viennent se placer les divers membres de la phrase. On note alors que les membres de phrase directement liés au verbe se placent à la fin de l'énoncé, tandis que les éléments au contenu essentiellement situatif sont placés en tête de phrase :

SUJET + VERBE CONJUGUÉ + (OBJET/OBJETS) + (COMPLÉMENT)

wir essen
nous mangeons

wir essen unser Frühstück
nous prenons notre petit déjeuner

wir essen unser Frühstück heute in der Küche
nous prenons notre petit déjeuner dans la cuisine aujourd'hui

b) S'il y a un complément d'objet direct et un complément d'objet indirect, l'ordre des compléments change suivant que ce sont des noms ou des pronoms :

i) deux noms (complément d'objet indirect + direct) :

er gab seiner Mutter das Buch
il a donné le livre à sa mère

ii) pronom (complément d'objet indirect) + nom (complément d'objet direct) :

er gab ihr das Buch
il lui a donné le livre

iii) pronom (complément d'objet direct) + nom (complément d'objet indirect) :

er gab es seiner Mutter
il l'a donné à sa mère

iv) deux pronoms (complément d'objet direct + indirect) :

er gab es ihr
il le lui a donné

c) Les participes passés, les infinitifs compléments d'un verbe, les particules verbales séparables et les groupes adverbiaux se placent en général à la fin de la phrase :

sie hat ihn in Paris zum ersten Mal gesehen
elle l'a vu pour la première fois à Paris

Andrea will am Samstag eine Party organisieren
Andrea veut organiser une soirée samedi

du lenkst mich von meiner Arbeit ab
tu me distrais de mon travail

sie hat völlig den Verstand verloren
elle a complètement perdu la raison

Remarque :

Les compléments d'un adverbe se placent juste devant les participes passés, les infinitifs compléments d'un verbe ou les particules verbales séparables :

sie hat offenbar völlig den Verstand verloren
elle a, de toute évidence, complètement perdu la raison

d) La première position dans la phrase

Il est très courant en allemand de commencer une phrase avec un autre élément que le sujet. Non seulement les adverbes ou les locutions adverbiales, mais aussi les compléments d'objet direct se placent couramment en tête de phrase.

i) Si la phrase commence par un adverbe, un complément d'objet direct, etc., le verbe conjugué doit se placer juste après, en deuxième position. Le premier membre de la phrase peut être complexe, c'est-à-dire composé de plusieurs mots :

leider fällt der Unterricht heute aus
il n'y a malheureusement pas de cours aujourd'hui

"alles Gute!" sagte sie zynisch
"bonne chance !" dit-elle d'un air cynique

die Hälfte des Personals hat man schon entlassen
on a déjà licencié la moitié du personnel

La première place permet également de mettre en relief un élément informatif de la phrase. Cet élément mis en relief est alors accentué. Cependant, on note que l'on ne peut pas utiliser ce type de mise en relief en français :

auf den müssen Sie gut aufpassen!
surveillez-le bien !

ii) Lorsque c'est un complément, un adverbe ou autre qui occupe la première place, le pronom sujet se place alors immédiatement après le verbe conjugué :

endlich gab er mir meine Notizen zurück
il m'a finalement rendu mes notes

Mais un nom sujet peut précéder ou suivre un pronom complément d'objet :

morgen trifft meine Frau ihn am Flughafen
morgen trifft ihn meine Frau am Flughafen
mon épouse le rencontre demain à l'aéroport

iii) La première place peut également être occupée par une proposition subordonnée ; le verbe conjugué de la principale reste à la deuxième place :

wenn es schneit, (dann) machen wir einen Schneemann
s'il neige on fait un bonhomme de neige

Notez que dann fait partie des conjonctions de coordination qui ne comptent pas comme membres de phrase. Elles occupent la position zéro (voir page 205).

2 Les propositions subordonnées

Dans une proposition subordonnée introduite par un pronom relatif (der, dessen, an dem, worauf, etc.) ou par une conjonction de subordination (dass, warum, obwohl, etc.), le verbe conjugué se place à la fin de la proposition :

der Film, dessen Geschichte so spannend ist, ist nach einem Roman von Tom Clancy
le film, dont l'histoire est tellement passionnante, est inspiré d'un roman de Tom Clancy

kennen Sie Otto, mit dem ich jahrelang in Urlaub gefahren bin?
connaissez-vous Otto, avec lequel je suis allé en vacances pendant des années ?

Lorsque deux propositions subordonnées suivent la même conjonction, il faut placer le verbe à la fin de chacune d'elles :

wenn er morgen kommt und die Leitung endlich repariert...
quand il viendra demain pour réparer enfin la tuyauterie...

Remarque :

Attention aux deux points suivants :

- Si l'on a deux infinitifs et un verbe conjugué auxiliaire, ce dernier se place devant les autres :

  er weiß, dass er es nicht hätte tun sollen
  il sait qu'il n'aurait pas dû le faire

- Si la proposition subordonnée est coupée par une autre proposition, l'ordre des mots n'est pas affecté :

  sie heiratet einen Mann, der, obwohl er nicht reich ist, wenigstens gut aussieht
  elle épouse un homme qui, bien qu'il ne soit pas riche, est au moins beau

B LA NÉGATION

1 Les principales négations

kein, keine, kein (*artide indéfini*)	*pas un/de, aucun*
keiner, keine, kein(e)s (*pronom*)	*personne, aucun*
keinerlei	*aucun*
keineswegs	*d'aucune manière*
nicht	*pas*
nicht nur..., sondern auch	*non seulement... mais aussi*
nicht mehr	*plus*
nichts	*rien*
nie, niemals	*jamais*
niemand	*personne*
nirgends, nirgendwo	*nulle part*
nirgendwohin	*nulle part (direction)*
weder..., noch	*ni... ni*

Contrairement au français où l'on emploie "ne" devant le verbe, les négations ne se composent normalement que d'un seul terme en allemand :

ich habe kein Geld
je n'ai pas d'argent

ich rauche nie
je ne fume jamais

2 La place de nicht

a) Nicht porte sur le noyau informatif de la phrase. C'est pourquoi il suit le verbe conjugué auquel il se rapporte :

ich fluche nicht
je ne jure pas

du darfst nicht rauchen
tu ne dois pas fumer

b) S'il y a un complément d'objet, il est suivi de nicht :

er braucht seine Eltern nicht
il n'a pas besoin de ses parents

du hörst mir nicht zu
tu ne m'écoutes pas

sie hat ihrer Mutter den Brief nicht gegeben
elle n'a pas donné la lettre à sa mère

c) Il précède un groupe nominal ou un pronom, s'il y a une opposition dans la phrase :

ich will nicht die blauen Blumen, sondern die gelben
je ne veux pas les fleurs bleues, mais les jaunes

ich will die gelben Blumen, nicht die blauen
je veux les fleurs jaunes, pas les bleues

Nicht peut occuper différentes positions dans la phrase en fonction du membre qui occupe la première place :

nicht die blauen Blumen will ich, sondern die gelben
die blauen Blumen will ich nicht, sondern die gelben

3 Kein ou nicht ?

"Pas de" + nom, dans les sens de "aucun" se traduit en général par kein-. C'est-à-dire que nicht ne s'emploie normalement pas avec ein. En fait, kein est une négation qui porte sur un groupe nominal qui, à la forme affirmative, serait introduit par un article indéfini au singulier ou pas d'article au pluriel :

sie braucht einen Mann
elle a besoin d'un homme

sie braucht keinen Mann
elle n'a pas besoin d'homme

ich habe Reiseschecks
j'ai des chèques de voyage

ich habe keine Reiseschecks
je n'ai pas de chèques de voyage

keine Politesse war zu sehen
il n'y avait pas de contractuelle en vue

La forme emphatique “pas un (seul)” se traduit par kein- einzig- :

kein einziger Baum blieb stehen
il ne restait pas un (seul) arbre debout

Remarque :

On peut employer nicht avec ein lorsque ein est un nombre et qu’il évoque un contraste :

sie haben uns nicht eine, sondern zwei Flaschen gebracht
ils ne nous ont pas apporté une bouteille, mais deux

C QUESTIONS AU DISCOURS DIRECT ET INDIRECT

1 Les questions au discours direct

On peut formuler une question au discours direct de quatre manières différentes en allemand :

a) *Interrogation globale*

Dans une interrogation globale, le verbe conjugué se place en première position. L’intonation de la phrase est montante et ce type de question appelle en général une réponse positive ou négative (ja ou nein). Ces questions se forment de la manière suivante :

VERBE CONJUGUÉ + SUJET + (COMPLÉMENTS)

rauchen Sie?
fumez-vous ?

liebst du mich?
est-ce que tu m’aimes ?

sprechen Sie Deutsch?
parlez-vous allemand ?

ist es schon übersetzt worden?
est-ce que ça a déjà été traduit ?

darf ich Ihnen meinen Mann vorstellen?
puis-je vous présenter mon mari ?

b) *Interrogation partielle*

Dans une interrogation partielle, la phrase commence par un mot interrogatif suivi du verbe conjugué en deuxième position. L’ordre des mots est le suivant :

INTERROGATIF(S) + VERBE CONJUGUÉ + (SUJET) + (COMPLÉMENTS)

wer? *qui ?*	(an) wen? *à qui ?*	wessen? *à qui ?*	(mit, *etc.*) wem? *(avec, etc.) qui ?*
wann? *quand ?*	warum? *pourquoi ?*	was? *quoi ?*	wie viel? *combien ?*
was für? *quel (quelle sorte de)*		welch-? *quel ?*	wie? *comment ?*
wo? *où ?*	woher? *d'où ?*	wohin? *où ?* (*direction*)	

Pour wo + préposition (par exemple womit?), voir page 103.

wer kommt?
qui vient ?

mit wem spielt sie?
avec qui joue-t-elle ?

wann geht er?
quand part-il ?

wie heißt das auf Deutsch?
comment on dit ça en allemand ?

wessen Hut ist das?
à qui est ce chapeau ?

wohin fahren wir?
où allons-nous ?

was siehst du dort?
qu'est-ce que tu vois là-bas ?

welche Bluse steht mir besser?
quel chemisier me va le mieux ?

Remarque :

Le cas après was für est déterminé par la préposition qui le précède ou par la fonction du nom qui suit für :

bei was für einer Firma arbeitet sie?
dans quelle sorte d'entreprise travaille-t-elle ?

was für ein Mann könnte so etwas tun?
quel homme pourrait faire une chose pareille ?

c) *Sujet + verbe conjugué + (compléments)*

Dans des questions de style familier, exprimant un doute, on élève la voix sur le mot clé, qui est aussi accentué :

Oma tanzt?!
mamie danse ?!

Oma **tanzt**?!
mamie danse ?!

Horst wurde heute Nachmittag zum **Vorsitzenden** ernannt?!
Horst a été nommé président cet après-midi ?!

d) *Traduire "n'est-ce pas ?"*

i) **nicht (wahr)?**

Lorsqu'il est employé seul, **nicht?** est plus familier.

es ist furchtbar kalt heute, nicht (wahr)?
il fait terriblement froid aujourd'hui, n'est-ce pas ?/non ?

On peut aussi employer **ja?** à la place de **nicht wahr?** :

du kommst heute Abend, ja?
tu viens ce soir, n'est-ce pas ?

ii) **gell?/gelt?**

Dans le sud de l'Allemagne et en Autriche, on emploie fréquemment **gell?** ou **gelt?** dans la langue parlée :

Münchner Bier schmeckt gut, gell?
la bière de Munich est bonne, hein ?

iii) **oder?**

du isst doch Fleisch, oder?
tu manges de la viande, n'est-ce pas ?

letzten Sonntag haben wir nicht gespielt, oder?
on n'a pas joué dimanche dernier, n'est-ce pas ?

2 Les questions au discours indirect

a) *Définition*

Le discours indirect est utilisé quand un locuteur rapporte les pensées, les opinions, les paroles d'une autre personne. Il peut aussi s'agir des siennes. Les questions au discours indirect suivent un verbe ou une proposition et sont introduites par un interrogatif : "explique **pourquoi** tu es en colère", "je lui ai demandé **qui** elle était", etc.

b) *L'ordre des mots*

L'ordre des mots allemands et la ponctuation sont différents du français. Les deux propositions sont toujours séparées par une virgule et le verbe conjugué se place à la fin de la question au discours indirect.

i) Lorsque la phrase "d'origine" contient un interrogatif (**wann?**, **warum?**, **was für?**, etc.) :

wann geben Sie Ihr nächstes Konzert? *quand allez-vous donner votre prochain concert ?*	→	man fragt, wann Sie Ihr nächstes Konzert geben *on demande quand vous allez donner votre prochain concert*
warum gefällt es euch nicht? *pourquoi ne l'aimez-vous pas ?*	→	sagt mal, warum es euch nicht gefällt *dites-moi pourquoi vous ne l'aimez pas*

ii) Lorsque la phrase "d'origine" ne contient pas d'interrogatif, la question au discours indirect est introduite par ob :

kann er Deutsch? *sait-il parler allemand ?*	→	ich bin gespannt, ob er Deutsch kann *je suis curieux de savoir s'il sait parler allemand*
hast du gut geschlafen? *as-tu bien dormi ?*	→	sie hat mich gefragt, ob ich gut geschlafen hätte *elle m'a demandé si j'avais bien dormi*

Comme en français, il est parfois nécessaire de changer les pronoms, ainsi que le temps (et le mode) des verbes au discours indirect par rapport à la phrase "originale". Pour l'emploi correct des temps, voir pages 141-2.

D JA, NEIN, DOCH

Le mot ja veut dire "oui" et peut être accentué de diverses manières :

- par la répétition (ja, ja!).
- en lui ajoutant wohl (jawohl!), en particulier dans l'armée.

Le mot nein veut dire "non". Lorsque l'on emploie nein et ja avec glauben/denken, on ne traduit pas "que" en allemand :

regnet es? – ich glaube nein/ja
est-ce qu'il pleut ? – je crois que non/que oui

Le mot doch signifie "si". Comme en français, on l'emploie pour contredire une question négative :

liebst du mich nicht mehr? – doch
tu ne m'aimes plus ? – si (je t'aime)

Voir aussi page ci-contre.

12 PROBLÈMES DE TRADUCTION

1 Quelques différences générales

a) On omet souvent un verbe de mouvement après les verbes de modalité, si le verbe de modalité est accompagné d'un adverbe ou d'une locution indiquant une direction (voir page 153) :

ich **muss** nach Hause
je dois rentrer chez moi

willst du mit ins Kino?
tu veux venir au cinéma ?

b) En allemand, beaucoup d'adverbes intensifient le sens de toute la phrase. Bien souvent, il n'existe pas de traduction mot à mot avec le français. Parmi les exemples les plus courants on trouve **ja**, **aber**, **doch**, **schon**, **wohl** :

du hast es ja gefunden!
tu l'as bien trouvé !

das ist aber gescheit!
ah, c'est astucieux !

das wäre wohl besser
ce serait mieux

du verstehst schon
tu comprends, hein ?

aber ich will doch nicht!
mais je ne veux pas !

du hast es aber doch versprochen!
mais tu l'as promis !

2 La ponctuation

a) *Les virgules*

i) En allemand, on ne met pas de virgule après un adverbe à l'intérieur d'une proposition. En effet, l'usage de la virgule est régi par des règles grammaticales et non par des effets de style :

plötzlich ging er auf mich zu
soudain, il s'est approché de moi

mein Vater wollte natürlich mitspielen
mon père, bien sûr, voulait jouer avec nous

ii) En allemand, on met toujours une virgule entre deux propositions sauf :

- lorsqu'un sujet, une conjonction ou un verbe en commun n'est pas répété :

  er fiel und verstauchte sich den Fuß
  il est tombé et s'est foulé la cheville

  weil er schneller laufen und also wahrscheinlich gewinnen kann
  parce qu'il peut courir plus vite et vraisemblablement gagner

- parfois devant **und**, **aber**, **oder** lorsqu'on répète le même sujet :

  ich werde ihn sehen und ich werde es ihm sagen
  je le verrai et je le lui dirai

iii) Dans les phrases un peu plus longues ou les phrases qui ont plusieurs sujets différents, on peut choisir d'employer ou pas la virgule entre deux ou plusieurs propositions coordonnées par **und** et **oder**. La virgule n'est donc plus obligatoire mais son usage permet souvent de clarifier le sens de la phrase :

sie spielte auf dem Klavier(,) und ihr Bruder sang dazu
elle jouait au piano et son frère chantait

du gehst sofort nach Hause(,) und du bleibst dort, bis ich anrufe
va tout de suite à la maison, et tu y resteras jusqu'à ce que je t'appelle

iv) Si le sujet n'est pas le même dans deux propositions reliées par une conjonction de coordination qui les oppose (**aber**, **sondern**, etc.), on doit insérer une virgule (même si les deux sujets renvoient à la même personne ou à la même chose) :

der Stuhl ist alt, aber **er** ist bequem
la chaise est vieille, mais elle est confortable

v) Désormais, il n'est plus nécessaire de séparer les groupes participiaux ou verbaux par des virgules, mais celles-ci peuvent être maintenues, en particulier pour faire ressortir le découpage de la phrase ou pour éviter les confusions :

sie hatte geplant ins Kino zu gehen
elle avait prévu d'aller au cinéma

sie bot mir(,) ohne einen Augenblick zu zögern(,) ihre Hilfe an
elle a proposé de m'aider sans la moindre hésitation

Notez l'importance de la virgule dans les deux exemples suivants :

ich rate, ihm zu helfen
je conseille de l'aider

ich rate ihm, zu helfen
je lui conseille d'aider

b) *Le discours direct*

"was machst du da?", fragte sie
„was machst du da?", fragte sie
« was machst du da? », fragte sie
"que fais-tu là ?", demanda-t-elle

Les deux premiers types de guillemets sont les plus courants. La dernière version, plus rare, s'emploie principalement dans l'imprimerie.

Depuis la réforme de l'orthographe, le discours rapporté doit toujours être suivi d'une virgule, même lorsqu'on a un point d'interrogation ou d'exclamation.

Si le groupe "demanda-t-elle" se place au début, il faut utiliser deux points suivis des trois possibilités présentées plus haut :

sie fragte: "was machst du da?"
elle demanda : "que fais-tu là ?"

3 Comment exprimer une action en train de se faire

On peut employer **gerade** :

sie isst gerade Bonbons
elle est en train de manger des bonbons

On peut aussi employer l'expression **beim** + verbe substantivé ou **am** + verbe substantivé dans la langue de tous les jours :

Gisela ist beim Lesen
Gisela est en train de lire

er ist am Schlafen (*Fam*)
il est en train de dormir

4 L'infinitif français

Une proposition infinitive en français se traduira par une subordonnée en allemand dans les cas de figure suivants :

i) après "dire" :

er hat mir gesagt, dass ich mit ihm kommen soll
il m'a dit de venir avec lui

ii) bevor (*avant*, voir page 243) :

bevor Sie mit der Arbeit anfingen,...
avant de commencer à travailler, vous...

iii) nachdem (*après*, voir pages 243-4) :

nachdem er den Wagen gewaschen hatte,...
après avoir lavé la voiture, il...

iv) pour traduire "il m'arrive de", etc :

es kommt vor, dass ich sie manchmal besuche
il m'arrive parfois de lui rendre visite

v) "à condition de" :

du kannst daran teilnehmen unter der Bedingung, dass du zehn Euro zahlst
tu peux y participer à condition de payer dix euros

vi) "faute de" :

wenn wir nicht rechtzeitig fertig werden, müssen wir...
faute d'avoir fini à temps, nous devons...

vii) dans d'autres expressions :

er war der Erste, der 100 Meter in 10 Sekunden lief
il fut le premier à courir le 100 mètres en 10 secondes

Hauptsache man ist gesund
l'essentiel, c'est d'être en bonne santé

5 Traduire "en"

a) *Le pronom indéfini "en"*

Il peut se traduire de diverses manières en allemand :

i) **da** + préposition (voir page 88) :

sie fürchtet sich davor *elle en a peur*	ich habe davon gehört *j'en ai entendu parler*

ii) **dessen** après un verbe régissant le génitif :

ich habe mich dessen erinnert
je m'en suis souvenu

iii) **ein** et **kein** lorsqu'il s'agit d'un nom dénombrable (*chien, maison, homme*, etc.) ; **welch** lorsqu'il s'agit d'un nom indénombrable (*beurre, paresse, argent*, etc.) ou d'un pluriel :

hat er einen Wagen gekauft?
a-t-il acheté une voiture ?

ja, er hat einen gekauft/nein, er hat keinen gekauft
oui, il en a acheté une/non, il n'en a pas acheté

hast du Geld? *tu as de l'argent ?*	ja, ich habe welches *oui, j'en ai*
haben Sie Zeitungen? *vous avez des journaux ?*	ja, ich habe welche *oui, j'en ai*

Parfois "en" ne se traduit pas :

ich habe die Nase voll (davon) *j'en ai marre*	er will einen anderen *il en veut un autre*

b) *"En" + participe présent*

i) Souvent "en" + participe présent se traduit en allemand par une subordonnée introduite par **indem** ou **dadurch, dass** lorsque cette expression indique un moyen :

er lockte die Kunden an, indem er die Preise einiger Artikel senkte
il attirait les clients en diminuant le prix de quelques articles

dadurch, dass er uns sein Auto zur Verfügung stellte, haben wir in Urlaub fahren können
en nous prêtant sa voiture, il nous a permis de partir en vacances

ii) Lorsque "en" + participe présent exprime la simultanéité par rapport à la proposition principale, on emploie en allemand une proposition subordonnée introduite par une conjonction de subordination :

- **während** pour un événement qui dure :

  während wir spülen, hören wir immer Radio
  on écoute toujours la radio en faisant la vaisselle

- **als** pour un événement ponctuel dans le passé :

  als ich die Tür öffnete, erriet ich die Wahrheit
  en ouvrant la porte, je devinai la vérité

  On peut aussi traduire la simultanéité avec **und** :

  er blickte mich an und lächelte
  il m'a regardé en souriant

iii) "En" + participe présent peut parfois se traduire par **beim** + verbe substantivé lorsque ce dernier n'a pas de complément :

sie hat sich beim Tanzen das Bein gebrochen
elle s'est cassé la jambe en dansant

iv) "En" + participe présent peut également correspondre à la construction "verbe de mouvement + préposition". En allemand, le verbe précise la manière de se mouvoir (courir, marcher, aller en voiture/à pied, etc.) et la préposition exprime la direction (à travers, au-dessus, en bas, etc.). En français, c'est le verbe qui exprime la direction et "en + participe présent" qui exprime la manière :

wir sind durch den Garten gerannt
nous avons traversé le jardin en courant

er torkelte die Straße hinunter
il descendit la rue en titubant

Remarque :

Une proposition relative allemande peut aussi être équivalente à un participe présent, comme le montre la construction suivante :

die Polizei sucht eine blonde Frau, die eine grüne Tasche trägt
la police recherche une femme blonde portant un sac vert

6 Traduire "il y a"

a) *"Il y a" non temporel*

i) L'allemand emploie des verbes de position tels que **stehen** (*être debout*), **sitzen** (*être assis*), **liegen** (*être couché*), **hängen** (*être suspendu*) pour traduire l'idée de "il y a" en français :

eine Zeitung liegt auf dem Sofa
il y a un journal sur le canapé

an der Ecke steht ein Parkhaus
il y a un parking couvert au coin de la rue

ii) **Es gibt**

L'expression **es gibt** s'emploie dans des affirmations qui, en général, rapportent le fait que quelque chose existe (ou n'existe pas). Il est suivi de noms ou de pronoms, singuliers ou pluriels, à l'accusatif. Notez les formes aux différents temps : **es gab**, **es hat(te) gegeben**, **es wird geben**, etc. :

es gibt keine Giftschlangen in Irland
il n'y a pas de serpents venimeux en Irlande

es gab damals wenig zu tun
il y avait peu de choses à faire en ce temps-là

so was wird es nicht mehr geben!
une telle chose ne se reproduira plus

Notez les différentes expressions idiomatiques avec **es gibt** :

was gibt's?
qu'est-ce qui se passe ?

heute Abend gibt es Milchreis
ce soir il y a du gâteau de riz

das gibt's doch nicht!
ce n'est pas possible !

iii) **Es ist, es sind**

On les emploie pour indiquer une présence, souvent temporaire, dans un espace défini ; **es ist** est suivi d'un nom singulier et **es sind** d'un nom pluriel, tous les deux au nominatif. Le **es** disparaît lorsqu'il n'occupe plus la première place. Vous noterez aussi **es war(en)**, etc. :

es sind Würstchen im Kühlschrank
Würstchen sind im Kühlschrank
il y a des saucisses dans le frigo

Herr Ober, in meiner Suppe ist eine Fliege!
garçon, il y a une mouche dans ma soupe !

es war jemand an der Tür
jemand war an der Tür
il y avait quelqu'un à la porte

Remarquez aussi l'expression suivante :

es war einmal...
il était une fois...

b) *"Il y a" temporel*

i) Quand "il y a" renvoie à un point précis du passé, on emploie vor + complément circonstanciel de temps au datif :

ich bin vor einer Woche im Theater gewesen
il y a une semaine, j'étais au théâtre

ii) Quand "il y a" marque un point à partir duquel un événement s'est produit, on emploie es ist/sind + complément circonstanciel de temps à l'accusatif + her, dass :

es sind drei Monate her, dass er gestorben ist
il y a trois mois qu'il est mort

iii) Si "il y a" insiste sur le début d'un événement et sur sa durée, on emploie seit + complément circonstanciel de temps au datif ou schon + complément circonstanciel de temps à l'accusatif :

ich habe diese Platten seit langem nicht gehört
ich habe diese Platten schon lange nicht gehört
il y a longtemps que je n'ai pas écouté ces disques

7 Expressions de lieu

L'allemand distingue très précisément si une expression de lieu indique une position ou un mouvement. Pour un mouvement, on indique s'il y a un rapprochement ou un éloignement par rapport à celui qui parle en ajoutant la particule her (rapprochement) ou hin (éloignement) :

- position (wo) :

wo bist du?
où es-tu ?

die Kirche steht links
l'église est à gauche

bleib hier!
reste ici !

es ist dort
c'est là

sie bleibt draußen
elle reste dehors

er ist oben
il est en haut

sie warten schon drinnen
ils attendent à l'intérieur

sie sitzt hinten
elle est assise derrière

- mouvement, éloignement, lieu où l'on va (wohin) :

wohin gehst du?
où vas-tu ?

sag mir, wohin du gehst
dis-moi où tu vas

geh hin!
vas-y !

geh schnell nach draußen!
sors vite !

es kommt dorthin
ça se met là-bas

er ging nach hinten
il est allé derrière

- mouvement, rapprochement, lieu d'où l'on vient (woher) :

woher kommst du?
d'où viens-tu ?

komm herein!
entre !

her zu mir!
viens me voir !

komm mal her!
viens par ici !

8 "Mettre" et "poser"

En allemand, "mettre" et "poser" se traduisent par les verbes de position (sauf tun) transitifs, plus précis, qui indiquent comment les personnes ou les objets sont placés, c'est-à-dire s'ils sont couchés, debout, etc. Ces verbes indiquent un mouvement, rendu par l'emploi de l'**accusatif** après les prépositions utilisées dans la phrase. Ces verbes ont, en outre, une conjugaison faible (sauf tun) :

a) Le verbe legen indique que l'on pose l'objet à plat :

sie legte ihre Hand auf seinen Kopf
elle mit sa main sur sa tête

er legte die Zeitung auf den Stuhl
il posa le journal sur la chaise

b) Le verbe setzen indique que l'on place un objet ou que l'on assied une personne :

setz die Vase auf den Tisch
mets le vase sur la table

sie setzte das Baby auf den Topf
elle a assis le bébé sur le pot

Remarquez aussi :

hier musst du ein Komma setzen
il faut mettre une virgule ici

c) Le verbe stellen indique que l'on met un objet debout :

er stellte die Milch in den Kühlschrank
il mit le lait dans le frigo

wir haben den Mahagonitisch ins Wohnzimmer gestellt
nous avons mis la table acajou dans la salle à manger

d) Le verbe hängen indique que l'on accroche un objet :

er hat dieses Bild an die Wand gehängt
il a mis ce tableau au mur

e) Le verbe stecken indique que l'objet est enfermé quelque part :

er steckte den Schlüssel ins Schloss
il mit la clé dans la serrure

der Spion steckte die Papiere ins Geheimfach
l'espion mit les papiers dans le compartiment secret

sie steckten ihn für drei Jahre ins Gefängnis
ils le mirent en prison pour trois ans

f) Le verbe tun est le terme le plus général pour traduire "mettre". Il est un peu plus familier :

er tat das Geld schnell in die Tasche
il mit vite l'argent dans sa poche

Remarquez aussi :

tun Sie das bitte weg
enlevez-le, s'il vous plaît

9 "Se trouver" et "être"

En allemand, "se trouver", "être", "rester" se traduisent par les verbes de position intransitifs qui indiquent comment des personnes ou des objets sont placés. Ces verbes indiquent une position et les prépositions sont suivies du **datif**. Ces verbes ont une conjugaison forte :

a) Le verbe liegen indique que le sujet est couché :

der Schein lag drei Wochen lang auf meinem Tisch
le billet est resté sur ma table pendant trois semaines

b) Le verbe sitzen indique que la personne est assise :

sie sitzt immer neben dem Kamin
elle est toujours assise près de la cheminée

c) Le verbe stehen indique que le sujet est debout :

eine alte Eiche stand mitten auf dem Feld
il y avait un vieux chêne au milieu du champ

d) Le verbe **hängen** indique que le sujet est pendu ou suspendu :

mein Rock hängt **im** Schrank
ma robe est (suspendue) dans l'armoire

e) Le verbe **stecken** :

der Schlüssel steckte **im** Schloss
la clé était dans la serrure

f) Pour indiquer la position dans laquelle on se met, on emploie les verbes de position intransitifs réfléchis :

sie legte sich auf das Bett
elle s'est couchée sur le lit

wir haben uns auf den Fußboden gesetzt
nous nous sommes assis sur le plancher

10 Traduire "tout(e) le/la"

On traduit généralement "tout(e) le/la" par **ganz** plutôt que par **all der**, etc. :

die ganze Mannschaft
toute l'équipe

das ganze Geld
tout l'argent

11 "Se laisser" et "(se) faire" + infinitif

Le verbe **lassen** peut s'employer avec un infinitif ayant un sens passif :

das lässt sich machen
ça peut se faire

er ließ sich nicht überreden
il ne se laissait pas persuader

ich ließ das Zimmer neu tapezieren
j'ai fait retapisser la pièce

Lorsque "se faire + infinitif" indique que l'action est subie, il se traduit par le passif construit avec **werden** :

ich bin geschlagen worden
je me suis fait battre

12 Traduire "quand"

a) Pour exprimer un événement dans le futur : **wenn**

wenn ich nächste Woche nach New York fliege, nehme ich dich mit
quand j'irai à New York la semaine prochaine, je t'emmènerai avec moi

wenn wir in Zukunft nichts zu tun haben, ruhen wir uns aus
à l'avenir, quand nous n'aurons plus rien à faire, nous nous reposerons

Dans ces phrases, **wenn** pourrait également se traduire par "si". Seul le contexte vous indiquera s'il faut traduire **wenn** par "si" ou "quand".

Contrairement au français, l'allemand emploie le **présent** après **wenn**.

b) Pour exprimer une action ou un état répété dans le présent, le passé ou le futur : **wenn**

wenn er abends Hunger hat, isst er immer Erdnüsse
quand il a faim le soir, il mange toujours des cacahuètes

wenn die Sonne schien, pflegten wir im Freien zu spielen
lorsque le soleil brillait, nous jouions dehors

c) Pour un événement ou un état unique dans le passé : **als**

als wir euch zum ersten Mal sahen, bekamen wir einen Schock
quand nous vous avons vus pour la première fois, nous avons eu un choc

als ich sechs Jahre alt war, konnte ich noch nicht lesen
quand j'avais six ans, je ne savais encore pas lire

d) Pour des questions (directes et indirectes) : **wann**

wann gehst du endlich ins Bett?
quand vas-tu enfin aller te coucher ?

wann war das?
quand était-ce ?

ich möchte wissen, wann du endlich ins Bett gehst
je voudrais savoir quand tu vas enfin aller te coucher

Au discours indirect, **wann** suit des verbes d'expression (dire, demander, etc.) ou des verbes ayant un sens équivalent, même s'il n'implique pas une question :

er hat mir erzählt, wann er die Entdeckung machte
il m'a raconté quand il a fait la découverte

ich habe vergessen, wann er sie getroffen hat
j'ai oublié quand il l'a rencontrée

13 Traduire "avant" (temporel)

a) Pour traduire "avant" comme adverbe de temps (= auparavant), on emploie **vorher** ou **zuvor** :

vorher/zuvor war er Übersetzer
avant il était traducteur

b) Pour traduire “avant” comme préposition, on emploie **vor** + datif :

vor dem Konzert war dieser Musiker sehr nervös
avant le concert ce musicien était très nerveux

c) Pour traduire “avant que” + verbe conjugué ou “avant de” + infinitif, on emploie la conjonction de subordination **bevor** + verbe conjugué :

ich muss das Haus putzen, bevor er kommt/bevor ich abfahre
je dois nettoyer la maison avant qu’il n’arrive/avant de partir

Vous noterez que l’on n’emploie pas la négation après **bevor** en allemand, ni le subjonctif.

14 Traduire “après” (temporel)

a) On emploie **danach** pour traduire “après” comme adverbe de temps s’il indique un moment précis du passé par rapport à un événement qui s’est déroulé auparavant :

danach sind wir ins Kino gegangen
après (ça) on est allés au cinéma

b) On emploie **nachher** pour traduire “après” comme adverbe de temps s’il indique une action se déroulant juste après un point dans le temps :

nachher gehen wir ins Kino
après on ira au cinéma

nachher sind wir einen trinken gegangen
après on est allés boire un pot

c) Pour traduire “après” comme préposition, on emploie **nach** + datif :

ich treffe dich nach der Arbeit
je te verrai après le travail

d) Pour traduire “après” + infinitif, on emploie la conjonction de subordination **nachdem** + verbe conjugué :

nachdem meine Mutter Deutschland besucht hatte, flog sie nach Italien
après avoir visité l'Allemagne, ma mère s'est envolée pour l'Italie

15 Traduire "ne... que" : nur ou erst ?

L'adverbe nur signifie "seulement" ou "ne... que" dans le sens d'une restriction définitive ("en tout et pour tout", "uniquement"). On emploie nur pour traduire "ne... que" devant une quantité ou une durée :

ich habe nur drei Euro in meiner Tasche
je n'ai que trois euros dans ma poche

ich werde dort nur zwei Wochen bleiben
je ne vais rester que quinze jours là-bas

L'adverbe erst signifie aussi "seulement" ou "ne... que" dans un sens temporel de restriction par rapport à un moment donné dans le temps ("pas avant", "pas plus tard que") :

sie fährt erst nächste Woche nach Deutschland
elle ne partira pour l'Allemagne que la semaine prochaine

es ist erst drei Uhr
il n'est que trois heures

das mache ich erst morgen
je le ferai seulement demain

erst dann wurde mir klar, dass...
c'est seulement à ce moment-là que j'ai compris que...

Dans un sens quantitatif, erst peut indiquer une restriction provisoire d'une durée ou d'une quantité :

er ist erst zwei Stunden hier
il n'est là que depuis deux heures (*mais il va rester plus longtemps*)

zurzeit hat sie erst die Hälfte gemacht
pour l'instant, elle n'a fait que la moitié

Comparez :

ich hatte erst/nur zehn Minuten gewartet, da kam er schon
cela ne faisait que dix minutes que j'attendais quand il est arrivé

ich hatte nur zehn Minuten warten müssen
je n'avais dû attendre que dix minutes (*et pas plus*)

ich warte erst zehn Minuten, das ist nicht zu lang
cela ne fait que dix minutes que j'attends, ce n'est pas trop long

16 Les noms composés

On peut former un grand nombre de noms composés allemands en combinant des mots entre eux. Ces mots peuvent exprimer l'appartenance, la localisation, la direction, la matière, la cause, etc. Ils se traduisent généralement par un nom + complément du nom ou adjectif. Le genre des noms composés est celui du dernier mot :

die Geschwindigkeitbegrenzung *la limitation de vitesse*	das Kochbuch *le livre de cuisine*
der Staatspräsident *le président de la République*	die Stadtbevölkerung *la population urbaine*
eine Parisreise *un voyage à Paris*	der Goldring *une bague en or*

Des combinaisons de plus de deux mots sont tout à fait courantes en allemand :

die Autobahnzufahrtsstraße
la bretelle d'autoroute

das Stadtwohnungsbauprogramm
le projet de construction de logement urbain

Attention à ne pas confondre :

die Kaffeetasse *la tasse à café*	et	die Tasse Kaffee *la tasse de café*

13 LES EXPRESSIONS ALLEMANDES À CONNAÎTRE

NOS AMIES LES BÊTES

mich laust der Affe!
les bras m'en tombent
littéralement : le singe m'épouille

Mitten in Paris lief mir mein Nachbar über den Weg. Ich dachte, mich laust der Affe!
J'ai croisé mon voisin au beau milieu de Paris. J'ai cru que les bras m'en tombaient !

> Cette expression très familière n'est utilisée qu'à la première personne du singulier.

jemandem einen Bären aufbinden
faire marcher quelqu'un
littéralement : attacher un ours sur le dos de quelqu'un

Meine Frau hat gesagt, schwarzer Tee ist gut für die Haut. – Da hat sie dir aber einen ziemlichen Bären aufgebunden.
Ma femme a dit que le thé noir est bon pour la peau. – Là, elle t'a bien fait marcher.

einen Frosch im Hals haben
avoir un chat dans la gorge
littéralement : avoir une grenouille dans la gorge

ein dicker Hund sein
être dur à avaler
littéralement : être un gros chien

Dass er deinen Geburtstag vergessen hat, ist ein dicker Hund.
Qu'il ait oublié ton anniversaire, c'est un peu dur à avaler.

vor die Hunde gehen
tourner mal
littéralement : aller devant les chiens

Viele Leute gehen nach einer Scheidung vor die Hunde.
Après un divorce beaucoup de gens tournent mal.

> Cette expression familière vient sans doute de la chasse où les animaux faibles et malades constituent des proies faciles pour les chiens.

die Katze im Sack kaufen
acheter chat en poche

Mein Kollege will mir sein Auto verkaufen, aber ich muss es mir erst einmal anschauen. Ich kaufe doch nicht die Katze im Sack.
Mon collègue veut me vendre sa voiture mais je dois d'abord bien la regarder. Je n'achète pas chat en poche.

> La même expression est employée en français et en allemand.

die Katze aus dem Sack lassen
laisser échapper qch
littéralement : laisser le chat s'échapper du sac

Wir wussten wochenlang nicht was sie vorhat, doch gestern hat sie endlich die Katze aus dem Sack gelassen.
Pendant des semaines on ne savait pas ce qu'elle prévoyait, mais hier elle a finalement laissé échapper quelque chose.

> On emploie cette expression lorsque quelqu'un révèle par mégarde un projet ou un plan jusqu'alors tenu intentionnellement secret.

Katz und Maus mit jemandem spielen
jouer au chat et à la souris avec qn

Er weiß immer noch nicht, ob er seine Stelle behält. Sein Chef spielt Katz und Maus mit ihm.
Il ne sait toujours pas s'il pourra garder son poste. Son chef joue au chat et à la souris avec lui.

La même expression est employée en français et en allemand.

aus einer Mücke einen Elefanten machen
faire une tempête dans un verre d'eau
littéralement : faire d'une mouche un éléphant

Sie machen aus einer Mücke einen Elefanten. Einmal feiert jemand eine Party, und schon heißt es, man hätte hier nie seine Ruhe.
Vous faites une tempête dans un verre d'eau. Il suffit que quelqu'un fasse une fête pour que vous disiez qu'on ne peut plus jamais être tranquille ici.

das Pferd am Schwanz aufzäumen
mettre la charrue avant les bœufs
littéralement : mettre la bride à la queue d'un cheval

Du hättest erst die Sauce zubereiten und dann die Nudeln kochen sollen. Du hast das Pferd am Schwanz aufgezäumt!
Tu aurais dû d'abord préparer la sauce et faire cuire les nouilles ensuite. Tu as mis la charrue avant les bœufs !

Schwein haben
avoir du bol
littéralement : avoir du cochon

Er fährt immer schwarz und wird nie erwischt. Er hat wirklich Schwein.
Il voyage toujours sans billet et ne se fait jamais choper. Il a vraiment du bol.

kein Schwein
absolument personne
littéralement : pas un cochon

Die Party sollte um 8 anfangen, und um 9 war immer noch kein Schwein da.
La fête devait commencer à 20h mais à 21h il n'y avait toujours pas un chat.

Schreib mal etwas deutlicher. Das kann doch kein Schwein lesen.
Écris donc un peu plus lisiblement. Absolument personne ne peut lire ça.

den Stier bei den Hörnern packen
prendre le taureau par les cornes

Mit der Sozialreform packt die Regierung endlich den Stier bei den Hörnern.
Avec la réforme sociale, le gouvernement prend enfin le taureau par les cornes.

La même expression est employée en français et en allemand.

DE LA TÊTE AUX PIEDS

jemanden auf den Arm nehmen
se payer la tête de qn
littéralement : prendre quelqu'un sur le bras

Meinst du das ernst oder willst du mich auf den Arm nehmen?
Est-ce que c'est sérieux ou est-ce que tu te payes ma tête ?

sich kein Bein ausreißen
ne pas se fouler
littéralement : ne pas s'arracher une jambe

Für das jämmerliche Gehalt reiße ich mir kein Bein aus.
Pour ce salaire pitoyable, je ne vais pas me fouler.

einen grünen Daumen haben
avoir la main verte
littéralement : avoir un pouce vert

Schau mal, wie schön ihre Rosen blühen. Sie hat wirklich einen grünen Daumen.
Regarde un peu comme ses roses sont belles. Elle a vraiment la main verte.

jemanden um den Finger wickeln
faire ce qu'on veut de quelqu'un
littéralement : enrouler quelqu'un autour de son doigt

Mit ihrem unschuldigen Lächeln wickelt mich meine Nichte jedesmal um den Finger.
Avec son sourire innocent, ma nièce fait de moi ce qu'elle veut.

Cette expression indique qu'une personne en amène une autre à lui faire ses quatre volontés

seine Hände in Unschuld waschen
s'en laver les mains
littéralement : se laver les mains dans l'innocence

Die Mannschaft verlor ein Spiel nach dem anderen, doch der Trainer wusch seine Hände in Unschuld.
L'équipe perdit un match après l'autre mais l'entraîneur s'en lava les mains.

Cette expression fait allusion à un passage de l'Évangile selon saint Matthieu où, durant le procès de Jésus-Christ, Ponce Pilate se lava les mains pour symboliser son innocence quant au sort réservé au Christ.

Hand und Fuß haben
tenir debout
littéralement : avoir pied et main

Was er zum Thema Arbeitslosigkeit sagte, hatte Hand und Fuß.
Ce qu'il a dit sur le sujet du chômage tenait debout.

etwas übers Knie brechen
faire quelque chose par-dessus la jambe
littéralement : casser quelque chose sur le genou

Eine so wichtige Sache sollte man nicht übers Knie brechen.
On ne devrait pas faire quelque chose de si important par-dessus la jambe.

etwas auf den Kopf hauen
dilapider quelque chose
littéralement : cogner quelque chose sur la tête

In einer Woche haute er seine gesamten Ersparnisse auf den Kopf.
En une semaine, il dilapida la totalité de ses économies.

Cette expression courante se rapporte peut-être à la pièce de monnaie que l'on pose sur le côté face (*der Kopf*) de façon à ce que le côté sur lequel se trouve le chiffre soit visible.

Kopf stehen
être chamboulé
littéralement : être sur la tête

Als sie die Zusage für die neue Stelle bekam, stand sie Kopf.
Elle fut toute chamboulée lorsqu'elle apprit qu'elle avait le nouveau poste.

jemandem den Kopf waschen
passer un savon à quelqu'un
littéralement : laver la tête à quelqu'un

Mein Chef hat mir ordentlich den Kopf gewaschen, weil ich bei der wichtigen Sitzung am Montag zu spät kam.
Mon chef m'a passé un sacré savon parce que je suis arrivé en retard à la réunion importante de lundi.

jemandem über den Mund fahren
couper la parole à quelqu'un
littéralement : rouler sur la bouche de quelqu'un

Als ich meine Meinung sagen wollte, fuhr er mir über den Mund.
Au moment où je voulais donner mon opinion, il m'a coupé la parole.

sich etwas unter den Nagel reißen
faire main basse sur quelque chose
littéralement : se tirer quelque chose sous l'ongle

Du willst dir wohl die ganze Erbschaft unter den Nagel reißen?
Tu veux donc faire main basse sur tout l'héritage ?

> Cette expression courante signifie que quelqu'un s'approprie quelque chose d'une façon pas tout à fait licite.

jemanden an der Nase herumführen
mener quelqu'un en bateau
littéralement : mener quelqu'un par le bout du nez

Die Regierung führt die Öffentlichkeit an der Nase herum.
Le gouvernement mène le public en bateau.

> Attention : en dépit de sa traduction littérale qui correspond à une expression française bien connue, l'expression allemande ne signifie pas qu'on mène une personne à sa guise, mais qu'on la trompe et qu'on l'induit en erreur.

sich etwas hinter die Ohren schreiben
se mettre quelque chose dans le crâne
littéralement : s'écrire quelque chose derrière les oreilles

Hier wird nicht geraucht, schreib dir das hinter die Ohren!
On ne fume pas ici, mets-toi ça dans le crâne !

sich auf die Zunge beißen
se mordre la langue

Ich hatte große Lust, ihr die Wahrheit zu sagen, doch ich biss mir auf die Zunge.
J'avais très envie de lui dire la vérité, mais je me suis mordu la langue.

> L'expression allemande signifie qu'on se retient de parler au dernier moment. Cependant, contrairement à l'expression française, elle ne possède pas une deuxième signification, à savoir qu'on se repent d'avoir dit quelque chose.

COMMENT ÇA VA ?

Bäume ausreißen können
se sentir d'attaque
littéralement : pouvoir arracher des arbres

Der Urlaub hat mir gut getan. Ich könnte Bäume ausreißen.
Les vacances m'ont fait du bien. Je me sens d'attaque.

auf dem Damm sein
être en forme
littéralement : être sur la chaussée

Ich habe gehört, du warst krank. Bist du wieder auf dem Damm?
J'ai entendu dire que tu étais malade. Est-ce que tu as retrouvé la forme ?

auf dem letzten Loch pfeifen
être au bout du rouleau
littéralement : siffler sur le dernier trou

Ich habe seit drei Monaten keinen Urlaub mehr gehabt und jeden Tag Überstunden gemacht. Ich pfeife auf dem letzten Loch.
Ça fait trois mois que je n'ai pas eu de vacances et que je fais des heures supplémentaires tous les jours. Je suis au bout du rouleau.

> Cette expression familière fait allusion au dernier trou d'une flûte qui est celui servant à produire la note la plus haute et la plus aiguë.

auf dem Zahnfleisch gehen

être sur les genoux

littéralement : avancer sur les gencives

Nach vier Tagen Gewaltmarsch ging er auf dem Zahnfleisch.
Après quatre jours de marche forcée, il était sur les genoux.

Seit der Euro so stark ist, gehen einige Exporteure auf dem Zahnfleisch.
Depuis l'augmentation du cours de l'euro, certains exportateurs sont sur les genoux.

L'image utilisée en allemand est encore plus extrême que celle utilisée en français et sert à illustrer le fait que quelqu'un se déplace avec énormément de difficulté car il est totalement épuisé. Cette expression est également utilisée pour faire référence à une situation économique très difficile.

Beaucoup d'expressions qui font référence à la santé peuvent aussi être utilisées pour décrire une situation économique ou financière ; c'est le cas, par exemple, de *auf dem Zahnfleisch gehen* et *auf dem letzten Loch pfeifen*.

QUAND LES PROBLÈMES COMMENCENT...

jemandem steht das Wasser bis zum Hals

être le dos au mur

littéralement : avoir l'eau jusqu'au cou

Nach dem Verlust zweier wichtiger Kunden stand der Firma das Wasser bis zum Hals.
Après la perte de deux clients importants, l'entreprise s'est retrouvée le dos au mur.

Cette expression s'emploie souvent à propos d'individus ou d'entreprises au bord de la ruine à cause d'importantes dettes.

sich in die Nesseln setzen

se mettre dans de beaux draps

littéralement : s'asseoir dans les orties

Mit deiner Bemerkung hast du dich ganz schön in die Nesseln gesetzt.
Avec ta remarque, tu t'es vraiment mis dans de beaux draps.

den Boden unter den Füßen verlieren

perdre pied

littéralement : perdre le sol sous les pieds

Als ihn seine Frau verließ, verlor er den Boden unter den Füßen.
Lorsque sa femme l'a quitté, il a perdu pied.

En français, on utilise l'image de quelqu'un qui n'a plus pied, alors qu'en allemand on parle de quelqu'un qui n'a plus de sol sous ses pieds. Les deux expressions font cependant référence à la même chose : le fait de ne plus avoir de point de repère, de se sentir perdu.

vom Regen in die Traufe kommen

aller de mal en pis

littéralement : passer de la pluie à la gouttière

Wir kamen vom Regen in die Traufe: Nachdem wir endlich den Stau hinter uns gelassen hatten, platzte uns ein Reifen.
Les choses sont allées de mal en pis : après être enfin sortis du bouchon, on a crevé un pneu.

Si quelqu'un cherche à s'abriter de la pluie et qu'il se place pour ce faire juste en dessous d'une gouttière, il sera non seulement mouillé mais sera passé d'une situation désagréable à une autre situation qui l'est encore davantage.

in Teufels Küche kommen

se retrouver dans le pétrin

littéralement : arriver dans la cuisine du diable

Wenn ich die Arbeit nicht bis heute Abend fertig habe, komme ich in Teufels Küche.
Si je ne finis pas ce travail d'ici ce soir, je serai vraiment dans le pétrin.

eine harte Nuss

une dure tâche

littéralement : une noix dure

Sein Vertrauen zu gewinnen, war für sie eine harte Nuss.
Gagner sa confiance fut pour elle une bien dure tâche.

Ich weiß nicht, was ich dir raten soll. Du hast mir da eine harte Nuss zu knacken gegeben.
Je ne sais pas quoi te conseiller. Là, tu me poses une colle.

Sand im Getriebe

des bâtons dans les roues

littéralement : du sable dans l'engrenage

Die Computerindustrie hat Sand im Getriebe.
L'industrie de l'informatique doit faire face à des obstacles.

Das einzige Ziel dieser Leute ist, Sand ins Getriebe zu streuen.
Le seul but de ces gens est de mettre des bâtons dans les roues des autres.

> Cette expression est très visuelle : si l'on entrave le mouvement d'un engrenage en y mettant du sable, la machine ne fonctionne plus et tout s'arrête.

jemandem Steine in den Weg legen

mettre des bâtons dans les roues à quelqu'un

littéralement : mettre des pierres sur le chemin de quelqu'un

Wenn ihr Kollegen und Vorgesetzte nicht so viele Steine in den Weg gelegt hätten, wäre sie jetzt bereits Universitätsprofessorin.
Si ses collègues et ses supérieurs ne lui avaient pas constamment mis des bâtons dans les roues, elle serait déjà professeur d'université.

> Si on doit déblayer les pierres qui encombrent le chemin ou encore les enjamber afin de pouvoir avancer, la marche sera alors plus longue et plus pénible.

jemandem einen Strich durch die Rechnung machen

contrecarrer les projets de quelqu'un

littéralement : rayer les calculs de quelqu'un

Am Sonntag wollten wir wandern gehen, doch das schlechte Wetter machte uns einen Strich durch die Rechnung.
Dimanche dernier, nous voulions aller nous promener mais le mauvais temps a tout chamboulé/fait tomber à l'eau.

> Le sens de cette expression se rapproche du français “mettre des bâtons dans les roues” mais, tandis que l'expression française fait toujours référence à l'action d'une personne sur une autre, l'allemand peut également se rapporter aux conséquences d'un évènement qui vient perturber un projet.

den Bach runtergehen

s'en aller en eau de boudin

littéralement : couler au fond du ruisseau

Das Projekt droht den Bach runterzugehen.
Le projet s'en est allé en eau de boudin.

> Cette expression familière s'utilise pour décrire le fait que quelque chose tourne mal ou échoue progressivement.

in die Hose gehen

foirer

littéralement : aller dans le pantalon

Die Wochenendreise mit meinem Freund ging gründlich in die Hose: Wir stritten uns die ganze Zeit.
Le week-end avec mon ami a complétement foiré : nous n'avons pas arrêté de nous disputer.

> Cette tournure est très souvent accompagnée par un adverbe d'intensité comme par exemple *gründlich* (*complètement*), *ziemlich* (*plutôt*) ou *ordentlich* (*sérieusement*).

JUSTE UN PEU BÊTE OU FOU À LIER ?

ein Brett vor dem Kopf haben
être bouché
littéralement : avoir une planche devant la tête

Logisches Denken ist nicht seine Sache, da hat er ein Brett vor dem Kopf.
Réfléchir de façon logique, ce n'est vraiment pas son truc ; il est un peu bouché.

> Cette expression fait référence à l'habitude qu'avaient autrefois les paysans de bloquer la vue des bœufs en leur mettant une planche devant les yeux.

nicht bis drei zählen können
être totalement demeuré
littéralement : ne pas savoir compter jusqu'à trois

Manchmal stellt sie sich an, als könne sie nicht bis drei zählen.
Elle se comporte parfois comme si elle était totalement demeurée.

> Les enfants apprennent progressivement à compter : d'abord jusqu'à dix, puis jusqu'à vingt, etc. Si quelqu'un ne sait pas encore compter jusqu'à trois, son niveau intellectuel correspond à celui d'un tout jeune enfant !

das Pulver nicht erfunden haben
n'avoir pas inventé la poudre

Na, der hat auch nicht das Pulver erfunden!
Lui, il n'a vraiment pas inventé la poudre !

> La même expression est employée en français et en allemand.

nur Bahnhof verstehen
n'y comprendre que dalle
littéralement : ne comprendre que gare

Weißt du, wovon er spricht? Ich verstehe nur Bahnhof.
Est-ce que tu sais de quoi il parle ? Je n'y entrave que dalle.

Weil er türkisch sprach, verstanden wir nur Bahnhof.
On n'entravait que dalle parce qu'il parlait turc.

À l'origine, cette expression était utilisée par les soldats à la fin de la Première Guerre mondiale qui ne voulaient entendre que le mot "gare" leur donnant l'autorisation de rentrer enfin chez eux.

sich keinen Reim auf etwas machen können
ne pas comprendre quelque chose
littéralement : ne pas pouvoir faire de rime avec quelque chose

Er hatte alles mit angehört, konnte sich aber keinen Reim darauf machen.
Il avait tout bien écouté, mais ne réussissait pas à piger.

eine Meise haben
avoir une araignée au plafond
littéralement : avoir une mésange

Die hat eine Meise!
Celle-là, elle a une araignée au plafond !

Bien que dans ce cas précis l'allemand n'utilise pas le mot *Spinne* (*araignée*), il est intéressant de remarquer que, dans le langage familier, le verbe spinnen signifie débloquer : *Du spinnst!* (*tu débloques !*).

Mais que ce soit une araignée ou un oiseau, en allemand comme en français l'expression fait référence un petit animal qui a tissé sa toile ou fait son nid dans la tête de quelqu'un et qui y sème joyeusement la pagaille.

einen Sprung in der Schüssel haben
être fêlé
littéralement : avoir une craquelure sur le bol

Sie läuft bei 8°C in T-Shirt und kurzen Hosen herum. Sie hat echt einen Sprung in der Schüssel.
Il fait 8°C et elle se promène en short et T-shirt. Elle est vraiment fêlée.

> Cette expression allemande familière utilise la même image que l'expression française : le bol, qui représente la tête, est fêlé ou cassé.

nicht mehr alle Tassen im Schrank haben
avoir une case en moins
littéralement : ne plus avoir toutes les tasses dans l'armoire

Du willst für einen Tag von München nach Paris fahren? Du hast doch nicht mehr alle Tassen im Schrank!
Tu veux faire le trajet Munich-Paris rien que pour une journée ? Tu as vraiment une case en moins !

> L'expression indique que quelqu'un a littéralement le cerveau "dérangé" : les tasses ne sont pas rangées comme il faut.

von allen guten Geistern verlassen sein
avoir perdu la raison
littéralement : être abandonné par tous les bons esprits

Du rauchst? Bist du denn von allen guten Geistern verlassen?
Tu fumes ? Mais est-ce que tu as perdu la raison ?

IL Y A DU PAIN SUR LA PLANCHE !

alle Hände voll zu tun haben
être débordé
littéralement : avoir toutes les mains pleines de choses à faire

Mit Haushalt, Kind und Hund hat sie alle Hände voll zu tun.
Entre la maison, les enfants et le chien, elle est débordée.

wie ein Pferd arbeiten
travailler comme un damné
littéralement : travailler comme un cheval

Ich habe letzte Woche gearbeitet wie ein Pferd, damit ich jetzt beruhigt in Urlaub fahren kann.
J'ai travaillé comme un damné la semaine dernière pour pouvoir maintenant partir en vacances l'esprit tranquille.

sich ins Zeug legen
en mettre un coup
littéralement : se harnacher

Ihr seid schon fertig mit der Renovierung der Wohnung? Da habt ihr euch aber mächtig ins Zeug gelegt!
Vous avez déjà fini de rénover l'appartement ? Là vous en avez vraiment mis un coup !

Le terme *Zeug* utilisé ici est un mot qui désignait anciennement le harnais des animaux de trait. L'image de l'animal qui commence à tirer vigoureusement sa charge illustre le fait que quelqu'un se donne de la peine à la tâche. La même image est utilisée, en français, dans l'expression s'atteler à quelque chose.

Cette expression est souvent complétée par un adverbe d'intensité, comme par exemple *mächtig* (*vraiment*), *tüchtig* (*pas mal*), *ordentlich* (*bien*), etc.

sich in etwas hineinknien
potasser quelque chose
littéralement : s'agenouiller dans quelque chose

Um gut auf den Prozess vorbereitet zu sein, kniete sie sich in die Akten.
Afin d'être bien préparée pour le procès, elle potasse les dossiers.

POUR PARLER DE GROS SOUS

arm wie eine Kirchenmaus sein
être pauvre comme Job
littéralement : être pauvre comme une souris d'église

Obwohl er arm wie eine Kirchenmaus ist, macht er gerne Geschenke.
Bien qu'il soit pauvre comme Job, il fait volontiers des cadeaux.

knapp bei Kasse sein
être fauché
littéralement : être maigre à la caisse

Kannst du mir 10 Euro leihen? Ich bin etwas knapp bei Kasse.
Est-ce que tu peux me prêter 10 euros ? Je suis un peu fauché.

On peut également dire *schlecht bei Kasse sein* ou – pour indiquer le contraire – *gut bei Kasse sein* (*être en fonds*).

Geld wie Heu haben
être plein aux as
littéralement : avoir de l'argent comme du foin

Er ist furchtbar geizig, obwohl er Geld wie Heu hat.
Bien qu'il soit plein aux as, il est atrocement pingre.

Le foin étant quelque chose qu'on peut avoir en grande quantité, on imagine facilement ce que veut dire cette expression.

im Geld schwimmen
rouler sur l'or
littéralement : nager dans l'argent

Das Geschäft läuft gut und sie schwimmen im Geld.
Les affaires vont bien et ils roulent sur l'or.

jeden Pfennig drei Mal umdrehen
regarder à la dépense
littéralement : retourner trois fois chaque pfennig

Da sie wenig verdient, dreht sie jeden Pfennig drei Mal um.
Elle regarde à la dépense car elle gagne peu d'argent.

von der Hand in den Mund leben
vivre au jour le jour
littéralement : vivre de la bouche à la main

Sie ist alleinerziehende Mutter von drei Kindern. Die Familie lebt von der Hand in den Mund.
Elle élève seule ses trois enfants. C'est une famille qui vit au jour le jour.

Cette expression signifie que quelqu'un doit dépenser immédiatement tout l'argent qu'il gagne pour acheter de la nourriture et des produits de première nécessité, et qu'il vit par conséquent sans aucun argent de côté.

das große Geld machen
faire fortune
littéralement : faire le grand argent

Er hat mit einer Erfindung das große Geld gemacht.
Il a fait fortune grâce à une invention.

sein Geld zum Fenster hinauswerfen
jeter l'argent par les fenêtres

Du könntest ja mal etwas sparen, anstatt das Geld zum Fenster hinauszuwerfen.
Tu pourrais vraiment économiser un peu au lieu de jeter l'argent par les fenêtres.

La même expression est employée en français et en allemand.

nicht die Welt kosten
ne pas coûter les yeux de la tête
littéralement : ne pas coûter le monde

Eine Reise nach Frankreich könnt ihr euch sicher leisten! Das kostet nicht die Welt.
Vous pouvez bien vous permettre un voyage en France ! Ça ne coûte pas les yeux de la tête.

ins Geld gehen
finir par chiffrer
littéralement : aller dans l'argent

Als Kinofan muss ich jeden neuen Film sehen. Das geht natürlich ins Geld.
En tant que cinéphile je veux voir chaque nouveau film qui sort. Évidemment, ça finit par chiffrer.

Cette expression signifie que les dépenses s'additionnent avec le temps.

COMMENT TU ME TROUVES ?

wie aus dem Ei gepellt sein
être tiré à quatre épingles
littéralement : être comme l'œuf pelé

Sie trägt oft nur Jeans und Pulli im Büro, aber heute war sie wie aus dem Ei gepellt.
Elle porte souvent juste un jean et un pull au bureau, mais aujourd'hui elle était tirée à quatres épingles.

> Pour décrire quelqu'un qui est habillé avec un soin méticuleux, on utilise l'image d'un œuf dur à peine écalé et qui est tout lisse et brillant.

zum Fressen sein
être à croquer
littéralement : être à bouffer

Sein kleiner Sohn ist wirklich zum Fressen.
Son petit garçon est vraiment à croquer.

> Cette expression s'utilise exclusivement pour parler d'une jeune fille ou d'un enfant.

frisch wie der junge Morgen
frais comme une rose
littéralement : frais comme le jeune matin

Ich habe nur drei Stunden geschlafen. – Das sieht man dir an: frisch wie der junge Morgen!
Je n'ai dormi que trois heures. – Ça se voit : tu es frais comme une rose !

> Cette expression est souvent utilisée de façon ironique pour décrire le fait que quelqu'un n'a justement pas l'air frais et dispos, mais plutôt épuisé et de mauvaise humeur.

hässlich wie die Nacht
laid comme un pou
littéralement : être laid comme la nuit

Sie ist sehr nett, aber leider hässlich wie die Nacht.
Elle est très gentille, mais elle est malheureusement laide comme un pou.

> Contrairement au matin, neuf et prometteur, dans le langage imagé, la nuit est noire, repoussante et laide.

wie eine wandelnde Leiche aussehen
avoir l'air d'un cadavre ambulant

Was ist los mit dir? Du siehst aus wie eine wandelnde Leiche.
Qu'est-ce qui t'arrive ? Tu as l'air d'un cadavre ambulant.

> Tout comme son équivalent français, cette expression allemande illustre le fait que quelqu'un peut encore à peine marcher et ressemble vraiment à un cadavre, pâle et décharné.

ein abgebrochener Riese sein
être un nain
littéralement : être un géant interrompu

Mein neuer Chef ist ein abgebrochener Riese; er reicht mir gerade bis zum Kinn.
Mon nouveau chef est un nain ; il m'arrive tout juste au menton.

> Cette expression peu flatteuse est utilisée pour désigner des hommes de petite taille.

eine Bohnenstange sein
être une (grande) perche

Du wirst meine Tochter nicht wiedererkennen. Sie ist eine richtige Bohnenstange geworden.
Tu ne vas pas reconnaître ma fille. Elle est devenue une vraie perche.

Cette expression, similaire dans les deux langues, est utilisée dans le langage courant, souvent de façon un peu moqueuse, pour désigner des personnes (le plus souvent des jeunes) très grandes et très maigres.

vom Fleisch fallen
fondre
littéralement : tomber de la chair

In den zwei Wochen, in denen sie im Krankenhaus war, ist sie sichtbar vom Fleisch gefallen.
Durant les deux semaines passées à l'hôpital, elle a vraiment fondu.

Komm, iss noch eine Portion. Sonst fällst du noch vom Fleisch.
Allez, mange encore une part. Sinon tu vas fondre.

Cette expression illustre le fait que quelqu'un a perdu beaucoup de poids. On l'utilise souvent de façon ironique.

COUP DE COLÈRE

Gift und Galle spucken
cracher son venin
littéralement : cracher du venin et de la bile

Sie ist sehr unbeherrscht. Jedes Mal, wenn jemand sie kritisiert, spuckt sie Gift und Galle.
Elle est vraiment irascible. Chaque fois que quelqu'un la critique, elle crache son venin.

Cette expression allemande, tout comme son équivalent français, illustre le fait que quelqu'un réagit avec rage et malveillance.

aus der Haut fahren
sortir de ses gonds
littéralement : sortir de la peau

Es ist zum aus der Haut fahren!
C'est à en sortir de ses gonds !

> Tout comme la précédente, cette expression illustre le fait que quelqu'un devient furieux.

jemandem platzt der Kragen
exploser de colère
littéralement : avoir le col qui explose

Als er zum dritten Mal in letzter Minute absagte, platzte mir der Kragen.
La troisième fois qu'il s'est décommandé à la dernière minute, j'ai explosé de colère.

> On emploie cette expression pour décrire le fait que quelqu'un s'est montré patient pendant très longtemps mais, ne pouvant désormais plus se contenir, finit par s'emporter.

jemanden zur Weißglut treiben
échauffer les oreilles à quelqu'un
littéralement : pousser quelqu'un à l'incandescence

Ihre dummen Fragen treiben mich zur Weißglut.
Ses questions stupides m'échauffent les oreilles.

TIRONS-NOUS !

die Kurve kratzen
décamper
littéralement : gratter le virage

Als er mich sah, kratzte er die Kurve.
Lorsqu'il m'a vu, il a décampé.

> Cette expression utilise l'image de quelqu'un qui prend un virage si brusquement qu'il rase le coin du mur.

Leine ziehen
ficher le camp
littéralement : tirer la corde

Du hast hier nichts zu suchen. Zieh Leine!
Tu n'as rien à faire ici. Fiche le camp !

> Autrefois, sur les fleuves, on faisait traverser les bâteaux d'une rive à l'autre en les tirant au moyen de cordes. La signification de cette expression est donc faire en sorte de quitter un endroit.
>
> On emploie souvent cette expression à l'impératif.

sich aus dem Staub machen
prendre la poudre d'escampette
littéralement : partir de la poussière

Während die Polizei Verstärkung anforderte, machten sich die Bankräuber seelenruhig aus dem Staub.
Pendant que la police demandait des renforts, les cambrioleurs de banque prirent tranquillement la poudre d'escampette.

> Cette expression s'emploie à propos de quelqu'un qui file rapidement et en cachette.

die Koffer packen
faire ses valises, se faire la malle
littéralement : faire les valises

Wenn du mich noch einmal belügst, packe ich die Koffer.
Si tu me mens encore une fois, je fais mes valises.

INDEX

A

B

C

D